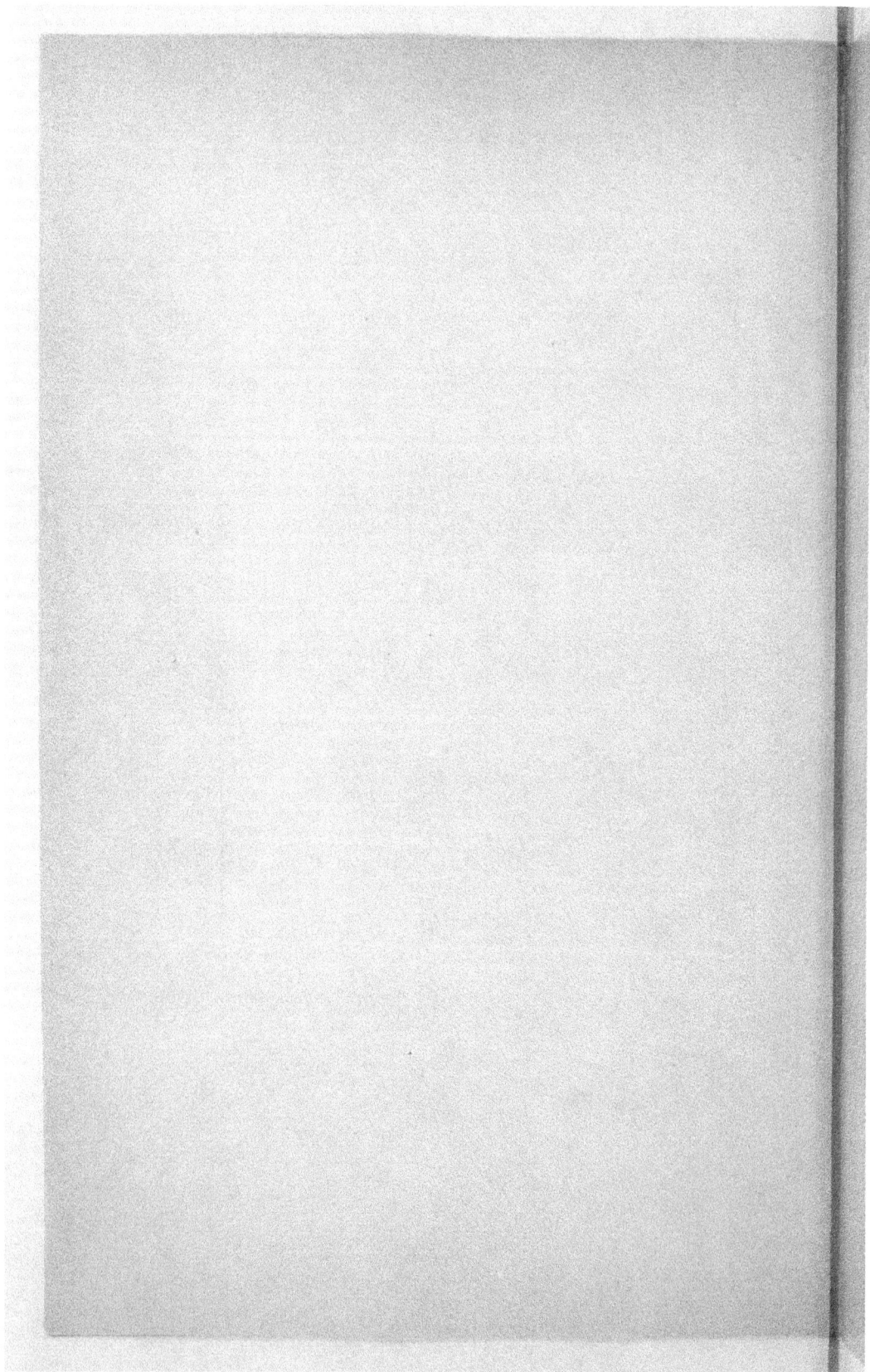

BIBLIOTHÈQUE D'HISTOIRE DE LA PHILOSOPHIE

LA PHILOSOPHIE

DE

CHARLES RENOUVIER

PAR

GASTON MILHAUD

Professeur à la Sorbonne

PARIS

LIBRAIRIE PHILOSOPHIQUE J. VRIN

6, PLACE DE LA SORBONNE (Vᵉ)

1927

LA PHILOSOPHIE DE RENOUVIER

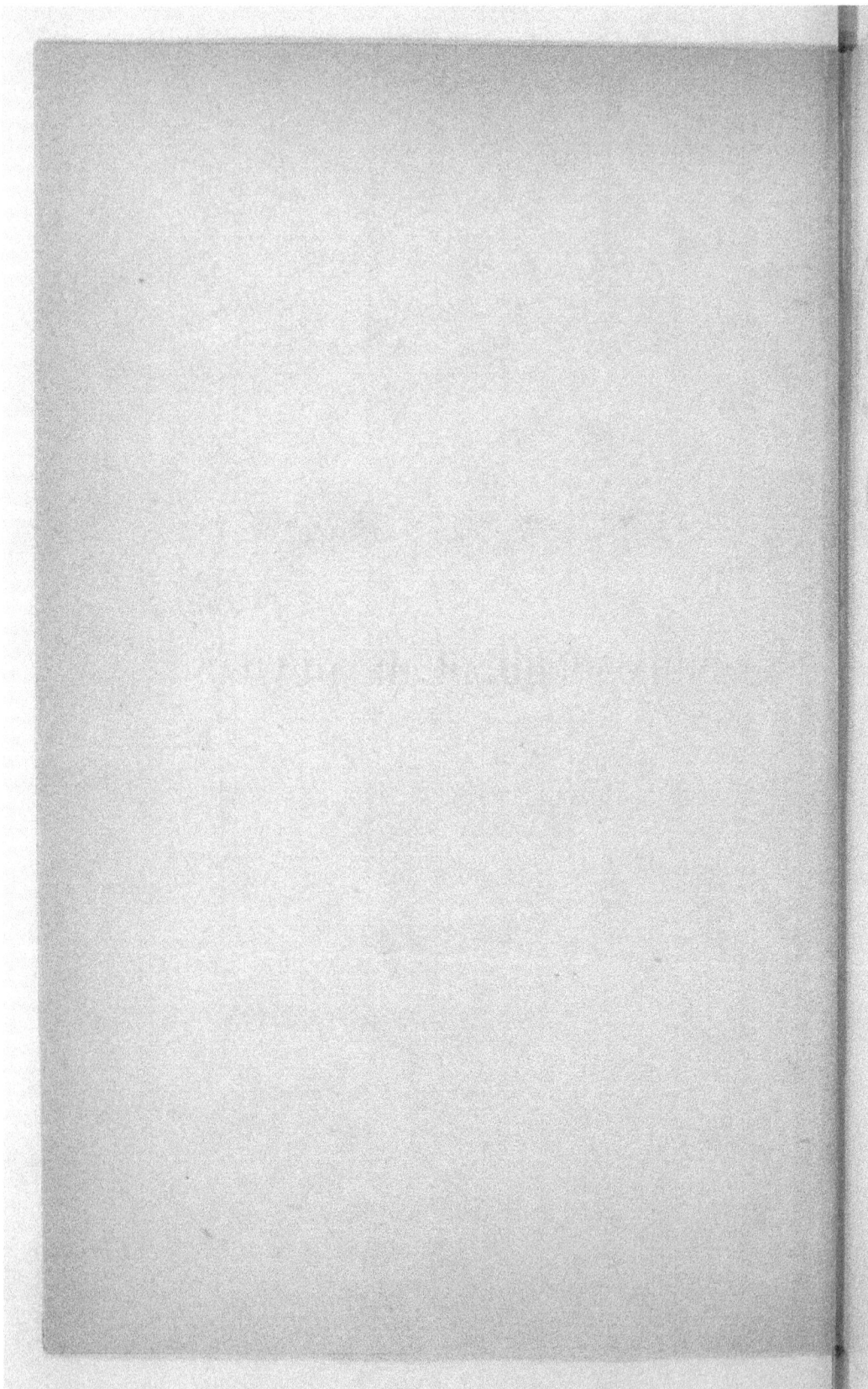

BIBLIOTHEQUE D'HISTOIRE DE LA PHILOSOPHIE

LA PHILOSOPHIE

DE

CHARLES RENOUVIER

PAR

GASTON MILHAUD

Professeur à la Sorbonne

PARIS

LIBRAIRIE PHILOSOPHIQUE J. VRIN

6, PLACE DE LA SORBONNE (Vᵉ)

1927

NOTE

___

Ces études représentent le résumé du Cours Public que Gaston Milhaud consacra, en 1905, à la Faculté de Montpellier, à la Philosophie de Renouvier.

Elles ont paru, à cette époque, dans la *Revue des Cours et Conférences*.

Gaston Milhaud en avait revu le texte avec soin en vue d'une réédition éventuelle : nous sommes heureux que les circonstances nous permettent de l'offrir aujourd'hui au public universitaire.   **J. M.**

INTRODUCTION

INTRODUCTION [1]

———

« J'ai le sentiment que je remplis un devoir », vous disais-je il y a quelques années, en ouvrant mon cours sur Auguste Comte. Je peux répéter les mêmes mots, aujourd'hui, à propos de Charles Renouvier. Lui aussi, il est né à Montpellier ; lui aussi, il a inséparablement uni la spéculation philosophique au culte de la science, poursuivant sans relâche, en dehors des mystères et des dogmes confessionnels, une vérité qui pût devenir la vérité de tous ; lui aussi, de quelque façon qu'on apprécie le succès de ses efforts, il peut compter parmi les plus puissants esprits qui aient représenté la philosophie française au XIXᵉ siècle.

Il a fait, il est vrai, et il fera probablement moins de bruit dans le monde. Vous comprendrez mieux pourquoi, à mesure que ce cours avancera. En peu de mots, cependant, il est possible d'en faire pressentir les raisons, qui tiennent surtout à la nature même des doctrines. La philosophie d'Auguste Comte est infiniment plus extérieure ; elle rejette, comme métaphysique, non pas seulement toute analyse subtile de la pensée, non pas seulement tout ce qui pourrait rappeler les efforts tendant, depuis Thalès jusqu'à Hégel, à éclaircir quelqu'un des éternels problèmes que s'obstine à poser l'âme humaine ; — mais même elle exclut toute idée, toute notion qui ne se présente pas dans des conditions de positivité suffisante, c'est-à-dire, en somme, toute idée qui ne s'exprime pas en éléments connus directement vérifiables. En outre, et par

(1) Leçon d'ouverture du Cours public de la Faculté des Lettres. Montpellier, 1905.

cela même, elle s'énonce en formules très claires, très sim-
ples, à force d'être radicales : telle la loi des trois états ; telle
la théorie du progrès, ramené à un développement où tout
événement, toute institution, se justifie par ses raisons historiques, où tout est bon et vrai pour le temps et les circonstances qui y correspondent, où même les notions de vérité et
de justice perdent l'occasion de s'appliquer. Les formules du
positivisme, une fois qu'elles sont isolées les unes des autres,
et isolées aussi des réflexions si originales, si ingénieuses et
souvent si profondes qui remplissent les livres de Comte, ces
formules pénètrent aisément dans le grand public et sont
acceptées avec d'autant plus d'ardeur que chacun, en s'y
reportant, donne à ses jugements une apparence scientifique.

C'est pourquoi nous assistons, aujourd'hui, à une véritable
explosion de positivisme. Regardez autour de vous. D'un
côté, ceux qui ne croient à rien, ceux qui écartent non seulement tout dogme confessionnel, mais même tout idéal, sous
prétexte que la raison ne saurait dépasser la science et que
la science ne peut connaître que ce qui est, non ce qui doit
être, tous ceux-là trouvent dans le cours de philosophie positive trop d'encouragements pour qu'on leur reproche de mal
choisir leur patron. Mais, d'autre part, nous voyons depuis
quelques années les hommes les plus attachés aux traditions
catholiques se réclamer à leur tour d'Auguste Comte et de
ses aspirations. Au nom du positivisme, — et ils disent volontiers : au nom de la Science, — ils rejettent les idées égali-
taires ; ils proclament l'inéluctable nécessité des castes, des
privilèges, l'inéluctable nécessité des guerres ; bref, l'inéluctable nécessité de tout ce qu'ils observent, par le motif qu'ils
l'observent, et, par conséquent, que cela a ses raisons naturelles et profondes. Tel, il y a vingt-deux siècles, Aristote,
leur grand ancêtre, affirmait gravement l'inéluctable nécessité de l'esclavage, fondée sur des arguments d'égale valeur
scientifique. Tout cela est facile et n'exige, pour être répété,
ni un grand effort de pensée philosophique, ni un sens bien

exercé de ce qu'est la véritable science, ni même, il faut le dire, une sincère fidélité à celui dont le nom est trop souvent invoqué.

Je ne crois pas que celui de Renouvier se trouve jamais sur tant de lèvres, ni que sa philosophie devienne jamais populaire. C'est que, même lorsqu'il aboutit à des conclusions fort claires portant sur la vie extérieure de l'humanité ou de l'univers, même quand il cherche la solution des problèmes économiques ou sociaux, même quand il traite, dans sa *Revue*, toutes les questions que soulève la politique quotidienne ou qu'il se livre à quelque étude critique sur Pascal ou sur Victor Hugo, il ne cesse jamais de puiser l'essentiel de sa pensée aux sources d'une doctrine qui repose elle-même sur l'analyse délicate des conditions premières de la connaissance, de la croyance et de l'action. Par cette doctrine, Renouvier continue Kant, il continue une tradition qui remonte au moins à Platon et qui retrouve toute son ampleur chez les grands cartésiens du xvııe siècle. Il vient après eux et nous offre son *Néocriticisme* comme le terme où devaient aboutir leurs efforts. Aussi, tandis qu'on peut d'autant mieux comprendre Auguste Comte qu'on ignore plus complètement les travaux des métaphysiciens grecs, français ou allemands, il est difficile de donner toute leur signification et leur portée aux théories de Renouvier, si on les sépare des problèmes traditionnels (catégories, antinomies, noumènes, causalité, certitude, liberté...) auxquels elles prétendent apporter une solution. C'est pourquoi le Néocriticisme, dans sa doctrine interne, restera toujours difficilement accessible au grand public.

Raison de plus, dirons-nous, pour essayer d'en faire ici un examen sérieux. Si je ne sais pas y apporter une clarté dont ne voudrait peut-être pas Renouvier lui-même, si je conteste quelqu'un des points essentiels du système, du moins ces leçons ne se termineront pas, j'espère, sans que vous ayez senti tout ce qu'il y a, dans cette âme vraiment haute, de

fermeté de pensée, de force, d'indépendance, de conviction
ardente, d'efforts vers la vérité, d'horreur pour toutes les
formes du mensonge et de l'injustice, d'énergie pour l'appel
incessant à la volonté et à l'action.

De la vie de Renouvier, j'ai fort peu à dire. Elle s'est
écoulée toute entière, au moins depuis sa sortie de l'Ecole
polytechnique, dans son cabinet de travail, loin du bruit
et des complications mondaines qui auraient risqué, ne
fût-ce qu'un jour, d'interrompre son labeur (1). Il a vécu
à Paris jusqu'aux environs de 1870, puis il s'est fixé pour
de longues années dans sa propriété de la Verdette, non
loin de la Fontaine de Vaucluse, au milieu de ses livres
et d'une nature riante et gracieuse, à en juger par les vues
qu'a bien voulu m'en montrer son neveu, M. Georges d'Albe-
nas, conservateur de notre Musée. C'est de là notamment,
c'est de ce délicieux séjour que, chaque semaine, il écri-
vait pour sa *Revue de Critique philosophique* les pages les
plus vigoureuses, presque violentes parfois à force d'énergie, sur toutes les questions politiques ou religieuses, qui,
après la guerre, lui semblaient intéresser le relèvement moral
de notre pays.

Depuis dix ans environ, la nécessité de chercher un climat plus doux encore l'avait amené dans les Pyrénées-
Orientales, à Perpignan d'abord, puis à Prades. J'ai eu deux
fois l'honneur de le voir, dans sa maisonnette de Perpignan,
qu'il avait choisie, — je n'en ai pas été surpris, — hors de
la ville. C'était un petit vieillard tout ratatiné, extrêmement
maigre, avec qui il était impossible de causer autrement que
par l'intermédiaire de son ami, M. Prat, car sa surdité était
presque complète. Le contraste était saisissant entre le peu
de choses que semblait être cet homme et l'œuvre gigan-

---

(1) J'ai su depuis par M. Prat qu'après sa sortie de l'Ecole polytechnique Renouvier a d'abord mené une vie très déréglée jusqu'au jour où,
éreinté et déprimé, il se mit à l'étude sur le conseil du docteur Lassalle
— lequel est mort il y a peu d'années.

tesque que, à ce moment encore, il poursuivait avec la plus
ardente activité ; il publiait alors les quatre énormes volumes de la *Philosophie analytique de l'Histoire*, qui eux-
mêmes allaient être suivis, coup sur coup, de quelques
autres. Le visage était d'abord plutôt dur ; mais un bon et
large sourire, qui avait quelque chose de familier et presque d'enfantin, venait bien vite l'adoucir, dès que la conversation amenait le nom d'un auteur ou le titre d'un ouvrage qui avait à ses yeux la ridicule sottise de vouloir
réhabiliter l'infini, — cette chimère qu'il avait voulu tant de
fois terrasser. J'emportai l'impression qu'il devait y avoir
eu beaucoup de bonté, et peut-être même de timidité, chez
ce batailleur infatigable, chez ce lutteur intrépide, chez ce
farouche indépendant qu'était Renouvier.

Le 1ᵉʳ septembre 1903, il mourait simplement, après
avoir voulu, comme Socrate, exprimer en un dernier entretien ses convictions philosophiques et ses espérances (1). Il
était né en 1815.

Ce sage n'a jamais sollicité aucune fonction ni voulu
accepter aucun honneur. A la fin de sa vie seulement, l'Institut a forcé son adhésion et l'a nommé membre de l'Académie des Sciences morales et politiques. En somme, sa vie
ne saurait avoir d'autre histoire que celle de sa pensée.

Or, pour qui veut suivre celle-ci dans son développement, il convient de distinguer quatre périodes.

La première, qui va vers 1852, est la période de tâton-
nements. Renouvier cherche sa voie. Outre ses travaux d'histoire de la philosophie, il se fait surtout connaître par sa
collaboration à l'*Encyclopédie nouvelle* de Pierre Leroux et
Jean Raynaud, puis par un *Manuel de Morale civique* rédigé
en 1848 pour les instituteurs, sur la demande du ministre
Carnot. (Disons, en passant, que M. Thomas, professeur

(1) M. Prat a pieusement recueilli les dernières paroles de Renouvier
et les a publiées dans la *Revue de Métaphysique et de Morale*, mars 1904.

au lycée de Pau, a eu récemment la bonne idée d'en publier une 3ᵉ édition, avec une introduction excellente et des notes fort instructives.) C'est ce livre que le citoyen Bonjean de la Drôme dénonça, un jour, à l'indignation de la Chambre à cause de quelques passages tels que celui-ci : « L'élève demande : Existe-t-il au moins des moyens d'empêcher les riches d'être oisifs et les pauvres d'être mangés par les riches ? » (L'*Officiel* porte : exclamations. — Un MEMBRE : C'est incroyable !) Et l'instituteur, continue à dire Bonjean, entre dans l'esprit de l'élève. Il répond : « Oui, il en existe et d'excellents. Les directeurs de la République trouveront ces moyens aussitôt qu'ils voudront sérieusement pratiquer la fraternité !... Sans détruire le droit d'héritage, on peut le limiter pour l'intérêt public ; sans supprimer l'intérêt du capital, on peut prendre beaucoup de mesures pour le rendre aussi faible qu'on voudra. Alors l'oisiveté sera difficile au riche, et le pauvre trouvera facilement crédit pour s'enrichir. » (Rumeurs diverses..., indique l'*Officiel*...) — Carnot, mis en minorité, donnait sa démission au sortir de cette séance. Deux ans plus tard, quelques députés présentaient à l'Assemblée législative un projet, rédigé par Renouvier, qui avait pour titre : *le gouvernement direct et l'organisation communale et centrale de la République*. — Peut-être, à ce moment, notre philosophe était-il à la veille de prendre une part plus active à la vie publique, — et il serait aisé d'imaginer pour lui, par une méthode qui lui était chère, une existence toute différente de ce que fut la sienne, si seulement le coup d'Etat ne s'était pas produit. Il venait ruiner ses espérances, et Renouvier allait, pendant toute la durée du second empire, s'enfoncer plus que jamais dans la méditation philosophique.

C'est la seconde période, la période féconde, où il publie successivement, de 1854 à 1864, les quatre *Essais de Critique générale*, — et, en 1869, la *Science de la Morale*. Son système est, dès lors, complètement fixé ; sa construction se trouve achevée. De quelque côté qu'elle se tourne, sa pensée se reposera décidément sur des solutions fermes, sur des convictions solides et, à ses yeux, définitivement justifiées.

La troisième période, qui commence vers la fin de l'Empire, est surtout caractérisée par le désir de propager la doctrine nouvelle et d'en éprouver l'efficacité au contact de tous les problèmes pressants que posent, surtout au lendemain de la guerre, les événements de chaque jour. Nous assistons, en même temps, à une lutte incessante contre les idées et les méthodes que condamne le Néocriticisme, et aux efforts les plus vigoureux pour faire pénétrer dans les esprits les axiomes et les postulats sur lesquels il repose. Dans cette œuvre colossale que poursuit pendant près de vingt ans la publication hebdomadaire de la *Critique philosophique*, puis aussi de la *Critique religieuse*, Renouvier n'est plus seul. Il a trouvé chez son collaborateur, M. Pillon, une énergie comparable à la sienne, une conviction égale. Les deux rédacteurs de la *Critique* s'identifient l'un à l'autre, au point qu'on ne sait lequel des deux a écrit les articles non signés. C'est, — à ce moment-là, du moins, — une même pensée, une même âme.

Enfin, dans la quatrième et dernière période, ce qui frappe, au milieu de l'abondance des publications de Renouvier, c'est le penchant à reculer les limites de ce qu'une libre croyance doit raisonnablement admettre, et on le voit aboutir à une gigantesque construction théologique, qu'il offrira, sous le nom de Personnalisme, aux besoins religieux de l'humanité.

Ce qu'il a produit pendant soixante-sept ans, je veux dire depuis sa sortie de l'Ecole polytechnique jusqu'à sa mort, dépasse en quantité ce que vous pourriez imaginer. La lecture n'en est pas toujours commode. On a souvent reproché à Renouvier la lourdeur et l'obscurité de son style. Proudhon, en particulier, froissé par une critique qui visait ses procédés d'éloquence, répondit vertement un jour : « Ce qui fait qu'à mon avis M. Renouvier ne sera jamais, malgré toute sa science, un vrai philosophe, c'est qu'il ne sait pas écrire... » Cette sorte de reproche avait le don d'agacer Renouvier. Il a eu à cœur d'y répondre : « Je croyais et je crois, dit-il, dans une note du *Deuxième Essai*, qu'on peut être à la fois un vrai philosophe et savoir écrire, quoiqu'il me semble certain, à consulter les faits, que tous ceux qui ont su écrire, n'ont pas été de vrais philosophes, et *vice versa*. » L'exagération flagrante de cette remarque montre assez que, sur cette question, Renouvier perdait son sang-froid. « Les philosophes, dit-il ailleurs, sont des poètes ou des savants. Poètes, ils sont intraduisibles ; savants, allons-nous demander à Viète ou à Fermat de mettre leurs théorèmes à la portée du salon de conversation ?... Je prétends à la science à mon tour..., je veux donc être étudié, et, n'eussé-je que trois lecteurs, n'en eussé-je qu'un, il faut que je dise ce que j'ai à dire, rien de plus, rien de moins, et que je rende ma pensée avec la même précision que je la conçois et avec les abstractions sans lesquelles il n'y a pas de rigueur possible... » Et plus loin : « Qui nous délivrera de la clarté française, si tout son mérite se réduit à l'ordre, à la modération, à l'observation du convenu et des convenances ?... Il y a une autre espèce de clarté, dont la France autrefois se vantait : c'est la clarté des auteurs qui se comprennent toujours eux-mêmes, ne conviant le public à partager que des pensées suffisamment mûries et exactement communicables. On n'est jamais plus près de cette qualité que lorsque, au jugement de certains, on paraît la fuir..., etc. » Jusque dans la sérénité des derniers moments, quand il jette un suprême regard sur son œuvre, il sent encore peser sur elle le reproche auquel il a pourtant bien des fois répondu : « On a dit que je ne savais pas écrire ma langue ; ce n'est pas tout à fait exact. Si embarrassée que soit ma phrase d'incidentes qui voudraient préciser la pensée, mou style ne manque ni de caractère, ni de force, ni même d'originalité... » En somme, je souscris, pour ma part, à ce jugement de Renouvier sur lui-même. J'irai jusqu'à dire que, chez lui, l'absence complète de tout souci d'élégance, de toute coquetterie extérieure, de tout apprêt, la sincérité brutale d'une pensée qui s'offre au lecteur telle qu'elle se forme, le mépris de toutes les précautions conventionnelles, — en quoi le style ressemble tellement à l'homme, — l'ardeur persuasive, la force, la vigueur de l'expression, tout cela donne au style de Renouvier une saveur qui n'est point banale.

Quant à sa dialectique, elle tire en partie sa force de son insistance et comme de son entêtement à vouloir convaincre. Elle procède par persuasion progressive, en répétant dans les écrits successifs des affirmations catégoriques qu'on ne songe plus à discuter à la fin. Pour peu qu'on s'abandonne, on ne tarde pas à se sentir pris et comme enveloppé ; on est entraîné dans la systématisation des idées ; on ne distingue plus ce qui est établi et ce qui ne l'est pas ; il faut faire effort pour se dégager de l'étreinte, si l'on veut retrouver son jugement personnel.

En fait, l'ensemble des travaux de Renouvier n'a pas encore été l'objet de nombreuses études. La plus ancienne est le résumé de Ravaisson, dans son *Rapport sur la Philosophie française au* XIXe *siècle* (1867). C'est là une date dans l'histoire du néocriticisme ; elle marque le moment où il commence à compter décidément pour les professeurs de l'Université. La génération des jeunes philosophes qui, aux environs de cette époque, se préparaient à l'agrégation, s'en est trouvée plus ou moins imprégnée. Citons au hasard les noms de Brochard, Liard, Dauriac, Marion, Boirac... Dix ans plus tard, dans la *Revue philosophique* de M. Ribot, Beurier donnait, en trois substantiels articles, un exposé très complet des thèses essentielles de Renouvier. Puis, si je laisse de côté les études et discussions visant plus particulièrement telle ou telle partie du système, comme la morale, par exemple, je signalerai encore, aux environs de 1880, les études d'ensemble de Shadworth Hogdson, dans le *Mind* et dans la *Revue de Critique philosophique*, et de M. Trial dans la *Revue de Critique religieuse ;* tout récemment, la thèse de théologie protestante de M. Miéville.

A mon tour, je veux contribuer à vous faire connaître Renouvier, — et, pour commencer tout de suite, je vais essayer, aujourd'hui, de fixer les principales influences qui ont pu favoriser ses premières tendances et aider à l'éclosion plus ou moins lointaine de sa doctrine.

Ses parents étaient de tradition libérale. Son père, député sous Charles X, se distingua dans l'opposition jusqu'en 1830. Son frère aîné fut également député plusieurs fois, notamment à la Constituante, où, en juillet 1848, il prit la défense du *Manuel républicain* de son frère. Il est aisé de deviner que le jeune Renouvier dut puiser dans un tel milieu les premières inspirations nettement républicaines et démocratiques qui devaient le guider durant toute sa vie, en même temps sans doute que quelque penchant à la libre discussion.

Ses études, commencées au collège de Montpellier, se terminent à Paris, au Collège Rollin, où il a Poret pour professeur de philosophie, — Poret dont nous connaissons bien la valeur par le témoignage d'un autre de ses élèves, Félix Ravaisson. Renouvier nous déclare qu'il n'écouta même pas les leçons de cet excellent maître : « Mes études de philosophie, dit-il, ne comptent pas pour moi. Je les ai faites, comme tous les élèves de l'Université, à l'âge de dix-sept ans. Mon très digne professeur, M. Poret, ne m'a rien appris, non pas qu'il y eût de sa faute, ni même que je n'eusse aucun penchant à m'occuper des idées générales ; loin de là, mais j'étais alors infecté par les prédications saint-simoniennes ; je lisais le *Globe* pendant les classes ; on m'avait persuadé que les croyances humaines allaient être entièrement renouvelées, que le vieil arsenal des connaissances et les amas des bibliothèques avaient déjà perdu toute valeur, que surtout rien de ce qui s'appelait philosophie ne renfermait des vérités *orga-niques*, et que la science et la société étaient appelées à se reconstruire *a priori*, dans le cours même de la génération à laquelle j'appartenais, conformément à un plan *révélé*, auquel ne pouvaient manquer de se rallier tous les membres de l'humanité. Cette folie ne tint pas chez moi jusqu'à la vingtième année ; mais elle me laissa en héritage un cruel désenchantement et, en même temps, un goût maladif pour les synthèses absolues et un dédain puéril pour les procédés analytiques et les connaissances modestes (1). »

Ce témoignage est très précieux : nous sentons à quel point Renouvier se laissa prendre par les théories saint-simoniennes ; mais, s'il a judicieusement indiqué ce qu'elles lui avaient donné de goût pour les grandes synthèses, il n'a pas eu conscience peut-être de toutes les traces profondes qu'elles lui ont laissées. Certes, il bataillera à toute occasion contre les adeptes de celui qu'il appelera le charlatan Saint-Simon ; il dénoncera sans cesse, dans la plupart de ses écrits, la grande erreur de leur philosophie de l'histoire, qui a empoisonné les esprits du xixᵉ siècle, en leur infusant la croyance au progrès nécessaire ; au nom de la liberté, il combattra le besoin d'autorité et d'organisation extérieure qui les anime ; au nom de la justice, il rejettera la morale du maître trop exclusivement fondée sur l'amour. Mais si, par-dessous les solutions nouvelles qu'il donnera à certains problèmes, nous pénétrons jusqu'aux préoccupations mêmes qui l'amènent à les poser, à les discuter, jusqu'aux sources d'où vient l'ardeur qu'il y apporte, nul doute alors qu'il reste chez Renouvier des traces durables de son passage à travers le Saint-Simonisme.

C'est, d'abord, ce qu'on peut bien appeler son « socialisme », son souci constant du prolétariat et de sa misère matérielle et morale, son sentiment de la nécessité de protéger

(1) *Esquisse d'une Classification des Sciences*, t. II, p. 358.

2

ceux qui ne possèdent rien contre la tyrannie et la cruauté inconsciente de ceux qui possèdent. Au milieu de beaucoup de chimères, l'école saint-simonienne avait du moins jeté dans les esprits, et pour longtemps, le souci de l'amélioration du sort des classes pauvres ; si ce fut encore une folie, disons, à l'honneur de Renouvier, que celle-là il la garda jusqu'à son dernier souffle.

En second lieu, on ne comprend bien la forme que prend chez lui l'idée religieuse que si on la rapproche de l'état d'esprit des Saint-Simoniens de 1830. Ils ne sont plus catholiques ; les dogmes chrétiens ont fait leur temps. Mais ils sont fort loin d'y substituer, comme va le faire un disciple dissident, Auguste Comte, les seules vérités de la science positive. Le fait religieux est, pour eux, une nécessité qui s'impose. Et le mot : « religieux » n'a nullement, à leurs yeux, un sens élastique et indéfini ; il ne veut pas désigner seulement un sentiment qui se traduirait en amour pour nos semblables ou en sacrifice pour quelque idéal généreux ; il implique, avant tout, la croyance en Dieu et l'affirmation du divin dans l'humanité et dans le monde. Leur théologie s'imprègne le plus souvent d'un vague panthéisme ; mais peu importe : ce qui est frappant chez les Saint-Simoniens de 1830, c'est leur détachement de tout dogme, leur qualité de libres penseurs, en même temps qu'ils ne mettent pas un seul instant en question leurs croyances théologiques. Or je viens de définir exactement l'état d'âme de Renouvier depuis les premières pages qui nous permettent de le juger, jusqu'aux paroles dernières qu'il prononça avant de mourir. Libre penseur, il l'est au plus haut degré, — uniquement préoccupé dans sa sincérité et son indépendance, de trouver la vérité ; et c'est tout son système métaphysique, c'est-à-dire tout l'effort de sa raison, qui viendra à ses yeux justifier ses convictions. Mais, d'autre part, sa doctrine ne prend sa forme décisive qu'aux environs de 1854, et tous ses écrits antérieurs, ses traités d'histoire de la philosophie, les articles donnés à l'*Encyclopédie nouvelle*, son *Manuel républicain à l'usage des écoles laïques*, sans exception, affirmaient tous, depuis long-temps, les croyances de son esprit religieux.

Au reste, ces deux inspirations, l'une plus proprement humanitaire, l'autre religieuse, s'unissent aisément chez tous les hommes, penseurs, romanciers, publicistes, qui, de 1830 à 1835, rédigent les journaux ou les revues dont le jeune lycéen pouvait être infecté, selon son expression. Elles se retrouvent non seulement chez ceux, — à part Auguste Comte — qui se rattachent de près ou de loin au Saint-Simonisme, mais ce sont également celles des Fouriéristes. Or Fourier est un des esprits pour qui Renouvier témoigne toujours le plus de bienveillance et de sympathie. Il discute ses théories bien des fois ; mais, même quand il semble s'en éloigner le plus, il sent le besoin de montrer toute l'estime qu'elles méri-tent et toute la valeur sinon des solutions trop précises qu'elles apportent, au moins des tendances vraiment philo-sophiques qu'elles révèlent. Assurément, de seize à vingt ans, à l'âge le plus favorable aux impressions profondes, l'âme de Renouvier a été en partie façonnée par les mêmes courants qui ont abouti à ce socialisme idéaliste des hommes de 1848, et ont imprégné leurs pensées d'une sensibilité quasi mystique.

Ainsi nous nous refusons à accepter le jugement d'après lequel Renouvier aurait répudié, dès sa vingtième année, toutes les voix du dehors qu'il avait si passionnément écou-tées. Ce qui est vrai, c'est qu'elles ne suffisent certes pas à nous le faire comprendre ; c'est que cet esprit, ouvert d'abord à tous les courants de la pensée contemporaine et pénétré d'une sorte de philosophie sociale voisine, dans toutes ses applications, de l'action et même de la politique immédiate, ce jeune homme qui refuse d'écouter les leçons de Poret, va tout à coup tressaillir, comme à la rencontre sinon de la vérité, au moins du chemin qui y conduit sûrement, à la lec-ture... des *Principes* de Descartes. Oui, tout comme Spinoza, tout comme Malebranche, ce jeune savant de vingt et un ans, saint-simonien et fouriériste, va sentir, en ouvrant Descartes, s'allumer en lui toute son ardeur métaphysique : « Me trouvant désœuvré, nous conte-t-il lui-même, par suite de ma renonciation au service public où j'aurais pu être appelé, je fus amené accidentellement à lire le livre des *Principes* de Descartes, et puis ses autres ouvrages ; et ce fut, je puis le dire, avec un véritable enchantement que je m'initiai, moi si novice, à cette méthode mathématique appliquée aux idées, à cette pensée si ferme, à cette langue si belle et si ample, à ce système fortement construit... Je lus ensuite rapidement l'*Éthique* de Spinoza, les principaux traités métaphysiques de Leibniz et de Malebranche, un très petit nombre d'autres ouvrages, et je cédai à cette espèce de fougue philosophique, en écrivant en quelques mois, pressé par le temps, un mémoire sur le Cartésianisme, que j'osai soumettre au jugement de l'Académie des Sciences morales et politiques ». Et plus loin : « Tel fut donc mon point de départ. Je ne commençai qu'à ce moment à me poser les questions vitales de toute métaphysique et de toute psychologie rationnelle et à m'inquiéter des difficultés qui étaient, qui sont toujours la cause des contradictions où tombe la philosophie et qui font la force du scepticisme (1). » — Vous le voyez : l'action décisive de Descartes sur Renouvier n'est point douteuse. Pouvons-nous essayer de l'expliquer ? Peut-être penserez-vous qu'autour de lui, aux environs de 1830, s'étaient fait entendre d'autres enseignements que ceux de Saint-Simon, d'Enfantin, de Bazar ou de Fourier ? Après une suspension de cours sensationnelle, et qui avait duré sept ans, Victor Cousin n'avait-il pas repris à la Sorbonne ses leçons retentissantes, au bruit desquelles, tout au moins, on aurait eu quelque peine à fermer l'oreille ? Et Cousin ne répandait-il pas de toutes manières, par sa parole, par ses écrits, par son influence sur les

---

(1) *Esquisse d'une Classification des Sciences*, t. II, p. 359.

jeunes maîtres de l'Université, une doctrine qui prétendait
venir en ligne droite de Descartes, en se mêlant, il est vrai,
à bien d'autres courants ? — Si vous songez à cette explication, arrêtez-la, je vous prie, sur vos lèvres prêtes à blasphé-
mer : vous risqueriez de troubler dans son repos d'outre-
tombe l'ombre de Renouvier. Il a passé sa vie à combattre
ses adversaires ; mais il a fait à tous une place, et souvent
honorable, dans l'histoire de la philosophie : seul, l'éclectisme
de Victor Cousin ne mérite pour lui que silence et dédain.
Et, quant à l'homme, écoutez seulement ces quelques mots,
que j'emprunte à la préface du *Manuel républicain* : « Mais
le grand maître en fait de théories justificatives de la misère,
le plus zélé promoteur de l'Idée qui doit soutenir la force
publique insuffisante, reconquérir la morale perdue et réin-
fuser la sagesse au corps social, c'est le professeur de philosophie, je ne dis pas le philosophe, le fondateur d'une école
sans doctrine, le rhéteur, l'artiste en discours et en abstractions pompeuses, celui qui depuis vingt ans enseigne l'indifférence, réduit Dieu, l'âme, la religion, la liberté, la foi,
la raison et maintenant la justice et la charité à des mots, à
des termes aussi creux que sonores. Et certes, ce régent
général des écoles qui infectait la jeunesse de scepticisme
pendant que son roi, notre dernier roi, propageait la religion
de l'or, était bien le plus convenable défenseur qu'on pût
trouver du droit de la République à laisser mourir de faim
les citoyens (1)... » Renouvier est assurément trop dur ; mais,
de grâce, ne demandons rien à Cousin, et cherchons ailleurs
quelles inspirations ont pu préparer notre jeune philosophe
à écouter si favorablement les grands Cartésiens du
xviiᵉ siècle.

Je n'hésite pas, pour ma part, à trouver l'une d'elles, la
plus importante peut-être, dans les habitudes de pensée qui
peuvent naître, chez un esprit réfléchi, du contact intime et

(1) Edition Thomas, p. 80.

suffisamment prolongé avec les mathématiques pures. Je
n'ose plus dire, parce que j'y ai trop insisté dans mes études
sur les philosophes-géomètres de la Grèce, avec quelle facilité
le philosophe peut être conduit à une solution idéaliste du
problème de la connaissance, quand il s'est familiarisé avec le
maniement des notions définies, claires, logiques, intelligibles, qui dépassent toujours les images de la réalité sensible
et ne cessent jamais de *réussir*. En fait, rappelez-vous Pythagore, Platon, Descartes, Malebranche, Leibniz... C'est si bien
à cette catégorie d'esprits qu'appartient Renouvier à propos
de son premier travail de jeunesse, c'était la naïveté, une
manière d'attaque directe des textes de mes philosophes sans
aucun recours aux interprétations reçues, et le rôle prépondérant donné aux idées mathématiques et physiques de Descartes, pour l'intelligence de l'ensemble de sa doctrine (1). »
Il faut voir avec quelle ardeur il va s'attacher lui-même à la
tradition idéaliste, telle que la représente le Cartésianisme,
comme à la vraie, à la seule philosophie. Il faut voir déjà,
sinon son dédain, au moins toute la sévérité de ses jugements
à l'égard de ceux, comme Locke ou Condillac, qui prétendent
composer la vie de l'esprit avec des sensations et des images.
« Puisqu'il ne faut chercher, dit-il, au milieu du tissu lâche
des écrits de Locke ni une proposition régulière, ni une doctrine qui se comprend et qui s'avoue, nous devons nous bor-
ner à remonter à la source de ses préjugés, etc. » ; et plus
loin : « La prétendue philosophie de Locke manque, on le
voit, de méthode, de principe et d'unité ; elle est constituée
avec des éléments ramassés çà et là... » ; et encore, à propos
des *Nouveaux Essais sur l'Entendement* de Leibniz : « Cet
ouvrage de Leibniz fut publié longtemps après sa mort, et
lorsque l'Allemagne tout entière suivait les leçons de Wolf
son élève ; mais eût-il paru plus tôt qu'il n'eût pas prévenu le
rapide engouement de l'Angleterre et de la France pour ce

(1) *Esquisse*, t. II, p. 359.

pauvre Essai (celui de Locke) dont les quatre livres peuvent se réfuter en quatre lignes... » Condillac n'est pas mieux traité : « L'unique métaphysicien de ce temps, encore représenta-t-il faiblement plutôt qu'il ne dirigea l'opinion de ses contemporains, est Condillac. Il faut convenir cependant que les principales qualités qu'on demandait alors au philosophe se trouvèrent en lui ; d'abord, il vénéra Locke et le dépassa en donnant un nouveau développement aux preuves de l'origine sensible des connaissances, etc... Il fut dur et méprisant pour la métaphysique du xviie siècle, prétendit que les Français s'en étaient dégoûtés avec raison..., et publia, pour le prouver, une analyse et une réfutation des systèmes de Descartes, de Malebranche, de Spinoza et de Leibniz. Or tout cet examen, dans lequel, et nous devons le dire pour être rigousement juste, l'impertinence lutte avec la légèreté, n'est dans le fond qu'une continuelle pétition de principe. En effet, on y voit ce grand raisonneur, cet homme qui du haut d'une raison nouvellement mise au monde en Angleterre, juge, pour le condamner, un siècle entier de penseurs, etc... » C'est presque chaque page du premier livre de Renouvier qu'il faudrait citer, pour montrer son attachement exclusif à la philosophie des idées.

Que la spéculation mathématique, celle qui au plus haut degré, quand elle reste théorique, est une contemplation d'idées, explique en partie ce que cet attachement a eu d'étroit et de soudain, nous ne saurions en douter. Cela suppose, apparemment, que l'éducation de l'école se soit accompagnée d'une certaine réflexion philosophique plus ou moins consciente, qu'elle ait impliqué notamment quelque souci de la signification et de la valeur, pour la connaissance générale, des symboles que l'esprit est amené à manier. Je vous montrerai, dans une autre leçon, que cette réflexion n'avait pas fait défaut à Renouvier. De bonne heure, son attention s'était portée sur les notions fondamentales du calcul infinitésimal. Et d'abord, soit sous l'influence de la philosophie mathéma-

tique de Comte, qui laisse subsister quelque chose d'obscur
et même d'illogique dans les différentielles leibnitiennes, soit
en partie sous l'influence d'un vague hégélianisme dont il
avait pu recueillir les germes chez les Saint-Simoniens, il
avait trouvé le secret de la puissance mathématique de l'esprit dans le contradictoire qu'à ses yeux réalisait l'infini : de
là, devait sortir sa première solution des antinomies tradition-
nelles par l'affirmation que les réalités métaphysiques impliquent la fusion des contradictoires. C'est l'étude du même
problème mathématique qui, le conduisant plus tard à une
solution toute différente, devait lui faire à jamais proscrire
l'infini, énoncer sa fameuse loi du Nombre, et formuler, comme conséquences, toutes les thèses essentielles de sa doctrine.
Mais je réserve, aujourd'hui, l'examen spécial de ces questions, et, — s'il faut une preuve plus simple qu'à l'Ecole,
tout au moins, Renouvier était naturellement amené à réflé-
chir sur les problèmes de la connaissance et de la certitude, —
il me suffira de citer le nom de son camarade de promotion,
de son ami, de Jules Lequier.

Aussi bien, dans cette recherche des premières influences,
j'avais hâte de vous parler de celui que Renouvier appellera
plus tard son maître, et dont l'esprit philosophique avait, dès
le premier jour, excité son admiration. Nous savons peu de
chose de leurs premiers entretiens ; mais quand ils se retrouvent, quelques années après leur sortie de l'Ecole, tous deux
ayant renoncé aux fonctions publiques et tous deux s'aban-
donnant volontiers désormais à leurs préoccupations philosophiques, nous connaissons l'action très forte que Lequier
exerce sur son ami. Renouvier nous dit et redit tout ce qu'il
a dû à ce jeune homme, le seul esprit de son siècle devant
qui il se soit vraiment incliné. Dans l'*Avertissement* placé au
début du *Manuel de Philosophie ancienne* (1844), il fait déjà
allusion à un ami dont il a mis à profit les inspirations ; —
quinze ans plus tard, dans l'*Essai de Psychologie*, il nomme
cet ami et déclare lui devoir l'idée principale du chapitre où

se trouve définie la certitude et où est marqué le rôle de la
liberté dans la croyance. Enfin, quand, après la mort de
Lequier, paraît la deuxième édition de la *Psychologie*, Renouvier n'hésite plus à s'épancher et à dire avec quelque effusion
non plus seulement ce qu'il a dû à Lequier, mais aussi ce
qu'il lui a voué de respectueuse admiration (1). « A l'époque,
dit-il, où cette note fut écrite (celle que contenait la première
édition), j'aurais fait connaître, en termes non pas plus catégoriques, — mais plus chaleureux, — toute l'étendue de ma
dette morale. Mais je craignais la banalité de ces louanges
toujours suspectes d'exagération, qu'un ami donne libérale-
ment aux mérites et aux travaux de son ami qui n'a encore
rien publié ; d'autant plus que, dans cette circonstance, je
n'aurais pas pu rendre hommage à ce que je croyais être la
vérité, et qui l'était, autrement qu'en me servant des mots
d'admiration et de génie... D'un autre côté, la disposition où
j'étais alors et où je n'ai jamais cessé d'être à l'égard d'un
système catholique devenu la grande bannière des ennemis
de la science et de la liberté, et les sentiments religieux du
même nom — catholiques — professés par celui que je peux
et dois appeler aujourd'hui franchement mon maître, créaient
pour lui comme pour moi un inconvénient véritable à la déclaration d'une intimité intellectuelle, allant des principes aux
conséquences, telle qu'on doit la supposer exister entre un
maître et son disciple. » Résumant ensuite la carrière philosophique de Lequier : « Tous les moments, dit-il, que la nécessité de demander à l'enseignement des ressources indispensables lui laissait disponibles, les entretiens, les longues
conversations de l'amitié, les observations et l'expérience, et
jusqu'aux épreuves de la vie, tout fut mis à profit pendant
une suite d'années, pour l'élucidation d'un problème qu'il
regardait comme le premier et presque l'unique de la science
et de la pratique : le problème de la liberté de l'homme.

(1) *Deuxième Essai*, 2ᵉ édition, t. II, p. 161.

Toutes les parties de la philosophie et de la morale vinrent se grouper, se coordonner pour Jules Lequier autour d'une pensée maîtresse,... et il n'eut plus qu'un but : porter dans l'esprit humain un de ces coups et de ces ébranlements qu'il est quelquefois donné au génie et à l'ardeur des convictions de produire... » Quant à l'œuvre littéraire et philosophique, qui est restée inachevée, et dont Renouvier nous donne quelques très beaux fragments, il ne doute pas qu'elle eût compté, sans la cruauté de la destinée, « au nombre des plus grands et des plus extraordinaires efforts de la pensée humaine ». Cette œuvre, en entrant seulement dans la composition du disciple, se sépare en partie du but que poursuivait l'âme catholique de Lequier. « Du moins, ajoute Renouvier, je peux reconnaître, encore qu'il soit difficile de l'exprimer en termes vraiment suffisants, l'incomparable obligation que j'ai contractée envers l'homme qui a fait tomber, un certain jour, l'écaille de mes yeux, qui m'a montré la faiblesse des doctrines dont j'étais l'adhérent involontaire, et m'a appris ce que c'est que liberté, ce que c'est que certitude, et qu'un agent moral est tenu moralement de se faire des convictions touchant des vérités, dont les penseurs rationalistes ont la mauvaise habitude de mettre la preuve sur le compte de l'évidence et de la nécessité. » En d'autres termes, ce qui sous l'influence de Lequier pénètre dans la doctrine de Renouvier et la différencie de la tradition cartésienne, c'est le rôle de la croyance, et, dans cette croyance, le rôle de la liberté. Il ne s'agit pas là, vous le sentez bien, d'une croyance religieuse, mais d'une sorte d'acte de foi de la raison, par lequel elle va au-devant de la vérité, sans attendre une évidence qui ne s'offrira jamais complète et décisive, contrairement à ce qu'a pensé Descartes. Substituer ainsi la croyance à l'évidence, c'est, « du même coup, pour employer les expressions mêmes de Renouvier, donner la suprématie, avec Kant, à la raison dite pratique, pour l'établissement de tout ce qu'il est donné à l'homme d'atteindre de vérités au delà des lois d'ordre vérifiable des phénomènes ». On ne nous dit pas exactement quel est le jour où tombe l'écaille des yeux. Ce qui est vraisemblable, c'est que le miracle ne s'est pas produit d'un coup, et que l'action de Lequier s'exerce peu à peu. La preuve en est, d'ailleurs, dans cette simple remarque que la théorie de la liberté n'est certainement pas arrêtée dans l'esprit de Renouvier, alors que son premier livre, le *Manuel de Philosophie moderne* de 1842, « est déjà tout imprégné, comme il le dit lui-même, du souci d'appliquer la croyance, comme supplément indispensable à l'évidence des propositions fondamentales de la philosophie cartésienne ; en d'autres termes, d'accepter à titre de postulats la réalité des objets des idées, Dieu, le monde, les êtres en soi, — qu'il reconnaissait ne pouvoir se laisser imposer à titre de simple dictamen de la raison pure (1). »

Nous sommes, avec ce *Manuel* de 1842, au seuil même de la carrière philosophique de Renouvier, et il semble que nous ayons épuisé la liste des actions extérieures qui se sont exercées sur sa pensée. Sans doute, ses méditations sur les systèmes philosophiques, et notamment sur Leibniz, sur Kant, sur Hume, aideront à fixer de mieux en mieux sa doctrine, lorsque, à la clarté décisive de la loi du Nombre, cette doctrine tendra à devenir une synthèse de la monadologie de Leibniz, du phénoménisme de Hume et du criticisme de Kant ; les causeries avec Lequier élargiront de plus en plus le rôle de la liberté dans la vie intellectuelle de l'homme, comme dans sa vie morale et sociale. Mais il semble que, dès maintenant, tout ce qui pouvait venir du dehors ait suffisamment déterminé, chez Renouvier, l'élan qui se continuera pendant plus de soixante ans, sous l'effort spontané et libre de sa propre réflexion.

(1) *Esquisse*, etc., p. 363

RENOUVIER EN 1842

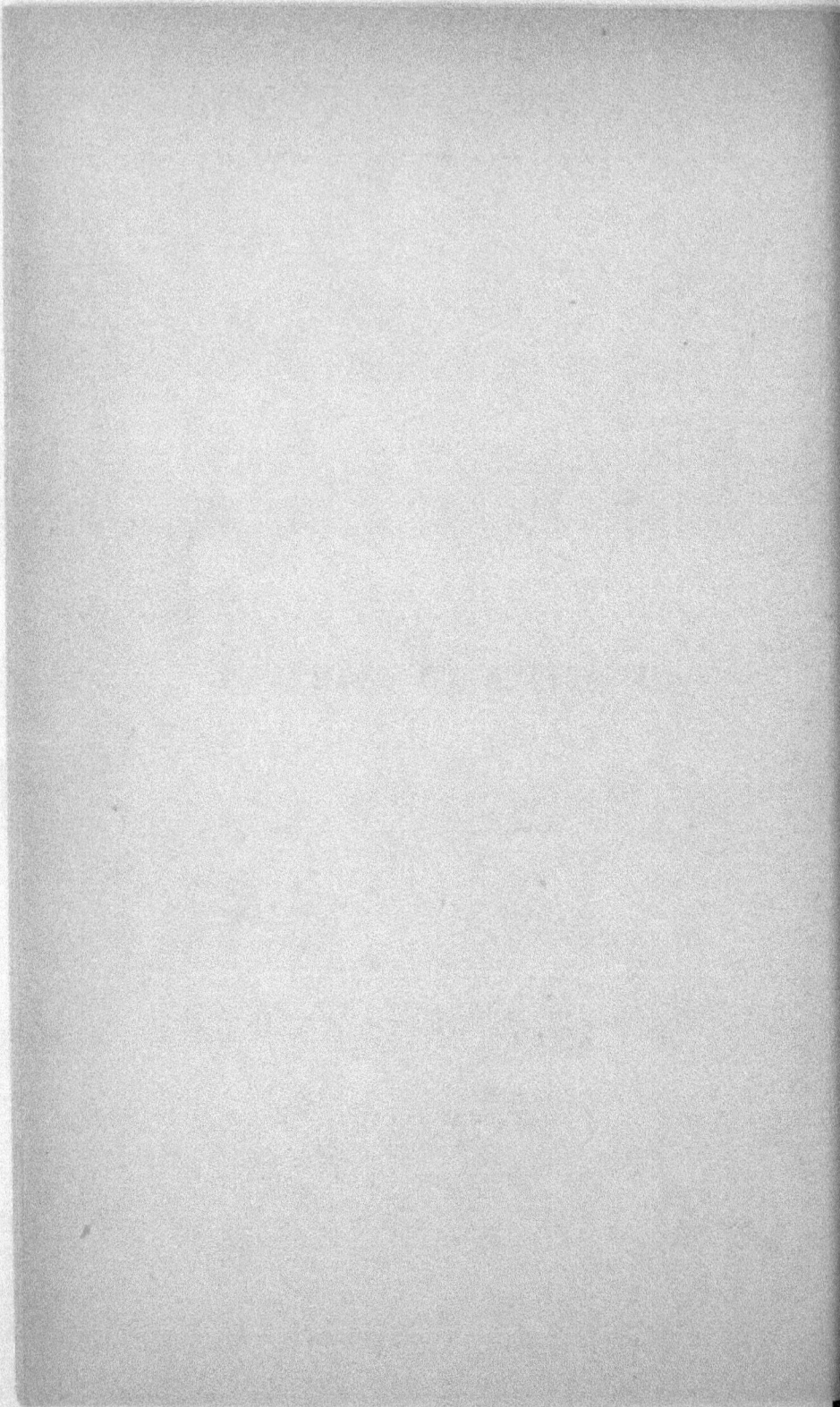

RENOUVIER EN 1842

En 1836, Renouvier a soumis à l'Institut un mémoire sur le Cartésianisme. Ce mémoire complété devient le *Manuel de Philosophie moderne*, publié en 1842. C'est là un document fort précieux, qui nous permet de saisir chez Renouvier, au début de sa carrière philosophique, un certain nombre de tendances, dont les unes se transformeront, et dont les autres subsisteront ou se retrouveront tôt ou tard dans sa pensée.

D'abord, ce qui est manifeste, c'est son attachement à la philosophie des idées, considérée comme la seule philosophie digne de l'esprit humain. Qu'entend-il par cette philosophie des idées ?

1° Les idées sont les essences intelligibles qui s'opposent aux images et aux sensations. Pythagore et Platon, dans l'antiquité sont ceux qui les ont le mieux connues. Les grands Cartésiens du XVII° siècle, mathématiciens comme eux, sont leurs vrais successeurs et ont fondé la philosophie moderne. Toute la philosophie issue de Bacon et de Locke est prétentieuse et vaine.

Il y a dans les idées, ainsi entendues, deux éléments distincts : l'un est l'ensemble des qualités de clarté, de précision et d'intelligibilité, — qui fait d'elles les notions premières de toute science ; l'autre est l'activité de l'esprit qui les conçoit ou qui les forme. Chez le plus grand des Idéalistes. chez Platon, ces deux éléments sont très frappants et correspondent l'un à la théorie de la réminiscence, l'autre à celle de l'amour. Chez Descartes, c'est le premier qui domine ;

tout au plus trouverait-on le second dans la notion de la liberté divine capable de créer les vérités éternelles. Chez Renouvier, au contraire, le premier élément s'atténuera peu à peu ; les notions intelligibles et les représentations sensibles seront moins radicalement séparées ; les catégories, qui conserveront par leur caractère à-priorique ce qu'il y avait d'innéité chez Descartes, comprendront à la fois, et à peu près indistinctement, ce que Kant nomme les intuitions sensibles et les concepts de l'entendement ; tandis que l'élément d'activité inhérent à tout idéalisme se manifestera de plus en plus, au point d'assigner un rôle précis à la *liberté* dans l'édification de toutes connaissances.

2° Ce que Renouvier appelle philosophie des idées, et à quoi il s'attache étroitement aussitôt qu'il le trouve dans le Cartésianisme, c'est encore et surtout ce qui serait plus exactement nommé la philosophie de l'esprit. On s'applique à saisir dans toute représentation l'aspect sous lequel elle appartient au sujet. C'est l'esprit, c'est la pensée, dans le sens général où Descartes emploie ce mot, que l'on atteint directement, et où l'on trouve l'être. Non seulement on connaît cet être plus vite et plus sûrement que l'être des choses qui correspondent aux représentations de l'esprit, mais même on ne connaît vraiment que celui-là. Voilà ce que contenait le *Cogito* de Descartes.

C'est par un acte de foi, où l'évidence n'est qu'une illusion, que les Cartésiens dépassent, chacun à sa manière, ce premier degré de connaissance, ce seul état de connaissance directe. Il faut le dire franchement, pense Renouvier : la croyance est nécessaire pour permettre d'aller plus loin. « Le savant s'arrêtera là et reconnaîtra l'impossibilité d'aller plus loin dans cette voie. Il pourra, s'il lui plaît, pousser jusqu'à ses dernières limites une analyse raffinée des notions ou des manifestations intérieures de sa vie et de son savoir ; il pourra étudier la notion en tant qu'elle implique un être ou qu'elle pose un objet ; mais il se trouvera devant un mur

infranchissable tant qu'il pourra penser que l'être est *un*
peut-être, que l'être est moi, et qu'en moi la vie se joue sous
trois masques, celui de l'être, celui du sujet, celui de l'objet,
et que l'être est tour à tour objet et sujet dans cette éternelle
comédie. — Il pleurera donc dans sa solitude, il pleurera les
ailes coupées en présence d'une création dans laquelle il voudrait s'élancer ; il maudira le savoir et se tordra les mains en
désirant n'avoir jamais pensé. — Homme, réjouis-toi cependant ! Ta pensée sera fécondée. Garde le savoir, mais appelle
la croyance (1). » Et Renouvier montre la croyance faisant
son premier office, qui est de nous conduire à affirmer « d'une
part, la réalité des idées ou essences qui sont le point de
départ du savoir, c'est-à-dire la réalité de leur être subjectif
et de leur être objectif ; d'autre part, la réalité des rapports
qu'envisage la raison (2) ».

Cet appel à la croyance, Renouvier nous dit lui-même
qu'il est conforme à « ses plus anciennes impressions et à ses
plus fortes tendances ». Il est pourtant vraisemblable que,
lorsqu'il la fait ainsi entrer systématiquement dans une philosophie de la connaissance, il commence à céder à l'influence
de son ami Lequier, qui peu à peu le rapprochera d'abord de
l'attitude morale de Kant, et l'amènera plus tard à donner un
rôle à la liberté dans la connaissance. Pour le moment, la
croyance que réclame Renouvier est toute naïve, elle ne
repose sur aucune analyse, elle est l'acte de foi pur et simple
d'une âme qui s'abandonne, pour ne plus lutter contre l'insurmontable difficulté.

Cette première application de la croyance est, d'ailleurs,
bientôt insuffisante. L'esprit en possession de la réalité de ses
idées ne tarde pas à être frappé du caractère contradictoire
qu'il trouve partout, soit qu'il envisage le sujet, soit qu'il
envisage l'objet.

(1) *Manuel de philosophie moderne*, p. 472.
(2) *Idem*, p. 475.

D'une part, en effet, le sujet est un ; il a le sentiment profond de son unité ; et, en même temps, il a conscience de la multiplicité des états qui composent son être ; il est donc à la fois un et multiple. En outre, l'être qu'il implique est sans cesse associé au non-être ; ce qui était en lui n'est plus, ce qui est ne sera pas tout à l'heure ; il est soumis au devenir, au changement, il est donc à la fois de l'être et du non-être. En outre encore, il se sent libre, il se sent le maître de ses résolutions, il a conscience de vouloir librement, et pourtant s'il examine de près les états qui précèdent une volition, il aperçoit toujours des motifs auxquels il peut la relier comme il relie un effet à sa cause ; il est donc à la fois libre et déterminé. Et ainsi de suite...

D'autre part, du côté de l'objet, c'est plus saisissant encore. « L'objet est en effet, par sa durée et son étendue, *infini*, car son idée n'implique pas de limites et même les exclut », et *fini* dans la représentation sensible que nous en avons. De plus, le mouvement suppose la division infinie réalisée dans l'espace et dans le temps, et par conséquent l'inépuisable épuisé, comme le montrait déjà Zénon d'Elée ; etc...

Bref, partout nous sommes conduits au contradictoire. Quel parti le savant doit-il prendre « au milieu des ruines que nous venons de remuer ? Il peut d'abord s'attacher à l'un des côtés du contradictoire, le développer et nier tout ce qui s'en sépare ; mais alors il se détourne de l'une des faces de la raison et par suite de la raison elle-même. Il peut encore entrer dans la docte ignorance, qui s'exprime ainsi : *je sais que je ne sais rien ;* mais le savant est un homme, et ce qu'il a de mieux à faire, c'est d'invoquer une seconde fois la croyance et de se jeter dans ses bras, c'est de fonder sur elle seule la conciliation des contraires et de pénétrer ainsi dans une voie nouvelle, dans une nouvelle science ». Que la science triomphe au début de la logique ! avait dit Renouvier, quand il avait fait entendre le premier appel à

la croyance. Il dit de même ici : « Il faut repousser loin la
vieille logique, dont le principe est qu'une même chose ne
peut pas être, et n'être pas en même temps (1). »

Ainsi la croyance aboutit à nous faire affirmer comme
vérité essentielle et fondamentale la fusion des contradictoires. Et c'est là le dernier mot de la méthode philosophique,
seule féconde, qui est issue de Descartes et qu'avait préparée
le scepticisme d'une part, en dénonçant le contradictoire, la
religion chrétienne d'autre part en reconnaissant les mystères.

On voit assez par là qu'en 1842 l'attitude de Renouvier a
quelque chose de mystique. La lecture des derniers chapitres
de son livre donne assez fortement cette impression. Qu'on
écoute ces quelques lignes, par exemple : « Celui qui aura
fait ce grand pas (la négation du principe de contradiction)
pourrait-il avoir encore quelque peine à comprendre le monde
un et multiple, éternel et passager ? Un immense horizon
ne lui sera-t-il pas ouvert dans le développement indéfini de
l'être au sein du néant ? S'étonnera-t-il si les contraires se
confondent éternellement et à chaque instant se séparent, si
le temps coule incessamment du sein de l'Eternel et de
nouveau s'y vient perdre, si le fini s'abîme dans l'infini dont
cependant il s'échappe, et si l'un se fait multiple et se brise
en une infinité d'éclats, tandis que l'immortelle unité reluit
dans chacun d'eux et dans leur ensemble ? Ce sont les ordres
de celui en qui ce monde sublime a son origine, son essence
et sa fin, sans jamais cesser d'être autre que lui cependant,
parce que l'auteur infini d'une infinité nouvelle a jeté le
temps par dessus l'éternité, l'espace par-dessus le point, et
la vie par-dessus l'être. »

Ces mots sont les premiers où Renouvier parle de Dieu
dans la *Doctrine* qui termine le livre. Il n'a pas senti la
nécessité de s'arrêter d'abord aux preuves de son existence,
pas même comme il l'a fait pour passer du sujet au monde.

(1) P. 388.

Il semble bien qu'il entende appliquer à l'affirmation de l'être infini les deux degrés de sa croyance, celle qui conduit à la réalité de l'idée, et celle qui voit dans la fusion des contradictoires que réalise l'infini la condition de la suprême réalité. Mais le ton et le langage donnent l'impression que, à l'exemple de Descartes et des Cartésiens, c'est d'un même coup qu'il pose l'existence de sa pensée et celle de Dieu. Parlant de l'argument ontologique, il va jusqu'à déclarer que la réfutation de Kant ne prouve rien, et que ce n'est pas à qui formule cet argument de faire la preuve de sa validité, mais à qui veut le réfuter de faire la preuve de la prétendue illusion qu'il impliquerait. En réalité et en dépit de l'appel à la croyance, l'esprit religieux de Renouvier ne semble même pas sentir autant que Descartes le besoin d'appuyer l'affirmation ontologique de l'être infini sur des raisons persuasives. Il s'adapte, en tous cas, merveileusement à l'état d'âme des Cartésiens, et c'est d'eux que dérive tout naturellement sa métaphysique.

Il juge à quel point le passage du sujet au monde est plus difficile que le passage du sujet à Dieu ; et alors, ce Dieu se trouvant connu en particulier comme la cause infinie du sujet fini, il lui paraît naturel, pour échapper à la difficulté d'affirmer l'existence du monde, qu'on songe à s'arrêter à cet être infini qui comprendrait tout dans sa plénitude, et le moi et le monde. C'est presque déjà ce qu'il sent chez Malebranche ; c'est, en tous cas, ce qu'il n'est pas surpris de trouver chez Spinoza. Mais ce panthéisme n'est qu'une façade de la vérité ; celle-ci doit se trouver dans la conciliation des contraires, c'est-à-dire du panthéisme et de l'idéalisme ; et cette conciliation se trouve faite par Leibniz. Dieu est créateur des monades, il est leur essence, il a réglé leurs rapports par l'harmonie préétablie, et ce sont là autant de concessions faites au panthéisme ; d'autre part, les monades sont par elles-mêmes des sujets ayant un développement et une vie propres. « Leibniz fut, comme on l'a dit, un grand éclectique, et dans le sens le plus noble de ce mot, lorsqu'entrant après Spinoza dans la philosophie, il revint à Descartes en agrandissant singulièrement sa doctrine, contint comme lui par l'idéalisme le panthéisme, et, grâce aux monades, donna de l'univers la notion la plus complète qui en eût jamais été proposée : un panthéisme absolu, Dieu seul actif et tout-puissant, au fond même seule essence de cette infinité de monades qu'il a créées et qu'il conserve par un même acte dans une immuable et universelle harmonie ; et au sein de ce Dieu cependant, la moindre nomade douée d'une force ou d'une vie éternelle et exécutant librement la suite infinie de ses modifications ordonnées (1). » Renouvier n'apporte à la Monadologie leibnitienne qu'une seule modification : tandis que pour Leibniz, l'étendue n'est qu'un rapport abstrait, Renouvier la réalise, à l'exemple d'ailleurs de Malebranche et de Spinoza, dans l'être qu'il connaît seul, c'est-à-dire dans la monade, qu'elle s'appelle moi, ou Dieu, ou l'une des monades en nombre infini qui remplissent le moindre élément de matière. L'étendue de Dieu est infinie ; celle de la monade infiniment petite.

En résumé, nous trouvons dans la première philosophie de Renouvier beaucoup d'éléments essentiels que nous retrouverons plus tard : 1° Un a-priorisme, dans la théorie de la connaissance, qui s'exprimera de préférence, il est vrai, sous une forme analogue au criticisme kantien ;

2° Un appel à la croyance substituée à l'évidence ;

3° Une tendance mystique, qui lui fait rejeter le principe de contradiction lui-même. — Sous une forme moins naïve et plus complexe, elle se manifestera de nouveau à la fin de sa vie ;

4° Un attachement étroit à la philosophie de l'esprit, qui lui fera toujours concevoir l'être sous la forme de l'esprit (*substantiel* d'abord, puis *phénoménal* et toujours *personnel*);

(1) P. 419.

et, plus généralement, une conception de l'Univers en lui-même et dans son rapport avec Dieu conforme à celle de la Monadologie leibnitienne ; — par où la métaphysique de Renouvier sera toujours plus ou moins leibnitienne.

Mais, en outre, cette première philosophie est imprégnée d'*infinitisme*. L'infini en acte, le sans fin qui se finit, l'iné-puisable qui s'épuise, le sans limite qui est réel, — c'est au plus haut degré la fusion des contradictions, ce mystère auquel la croyance nous invite à nous attacher comme à la suprême réalisation de l'être. Et il y a là deux affirmations : d'une part le caractère contradictoire de l'infini, d'autre part l'affirmation de sa réalité. Sur le premier point, Renouvier ne variera jamais ; sur le second, au contraire, il prendra un jour une attitude diamétralement opposée ; et, dès lors, il proscrira l'infini avec la dernière violence.

RENOUVIER INFINITISTE

RENOUVIER INFINITISTE

De 1842 à 1850, — si nous laissons de côté, pour le moment, les préoccupations morales, politiques et sociales, et que nous n'ayons en vue que les travaux plus proprement philosophiques de Renouvier, nous n'avons pas grand changement à signaler. Mais, comme il nous le dira lui-même plus tard, tout l'effort de sa réflexion, d'où naîtra une orientation nouvelle, est dirigé sur le problème de l'infini. Il ne se sent pas complètement rassuré par l'attitude qu'il a prise à l'égard de l'infini et de la contradiction ; certes il maintiendra cette attitude quelques années encore, mais il a à cœur d'étudier tout particulièrement dans l'histoire de la pensée philosophique tant ancienne que moderne (*Manuel de philosophie ancienne* et articles donnés à l'*Encyclopédie nouvelle*, notamment l'article Philosophie), ce qui touche à l'infini et aux antinomies, pendant qu'il réfléchit assez souvent, d'après son propre témoignage, aux principes sur lesquels repose le calcul de l'infini en mathématiques. Il sent le besoin de rapprocher ses premières convictions sur l'infini, de celles des grands penseurs de tous les temps, et de les soumettre à l'épreuve de la science elle-même. Essayons de comprendre comment les deux sortes de suggestions qui lui viennent de l'histoire des idées et des mathématiques ont pu se trouver d'accord pendant si longtemps avec ses affirmations infinitistes.

I

L'infini chez les Grecs, c'était l'élément auquel manquaient les déterminations nécessaires à l'existence. Il entrait dans la composition des choses, mais à la condition qu'un autre principe s'y joignît, un principe de détermination. L'infini était l'élément inférieur, incomplet, insuffisant, au-dessous de l'être. Il était le principe du multiple, de l'imparfait, du mauvais, tandis que l'élément formel donnait l'unité, l'ordre, l'harmonie, la clarté, la précision, le bien. C'est là, du moins, ce qui se présentait avec des nuances diverses chez tous les penseurs grecs d'avant l'ère chrétienne. Les premiers Ioniens déjà forment le monde avec leur ἄπειρον, demandant au mouvement de lui donner les délimitations nécessaires pour qu'il devienne toute chose. Les Pythagoriciens proclament les deux principes, le fini et l'infini, et le jour où naît la tradition des oppositions fameuses, le fini correspond au droit, à la lumière, au bien, etc. Platon conserve une attitude analogue, et nous retrouvons chez lui l'élément inférieur et déficient soit dans l'ἄπειρον du Philèbe, auquel le πέρας est nécessaire pour « faire cesser l'inimitié entre les contraires, et produire entre eux la proportion et l'accord en y introduisant le nombre », soit dans le réceptacle indéterminé du *Timée*, qui est le fond commun de toutes les choses différentes, soit dans la dyade indéterminée, qui, d'après Aristote, serait un aspect de la matière chez Platon. Avec Aristote lui-même, l'infini est en puissance dans la matière que le principe formel détermine et fait passer à l'acte. Et ce sont ces notions, diversement mêlées, qui se retrouvent quelques siècles encore chez les philosophes grecs, jusqu'à ce que, par la fusion de l'esprit oriental et de la pensée grecque, les Alexandrins nous apportent, sous le même mot d'infini, l'idée de la plus haute et de la suprême unité. L'infini était jadis ce à quoi il manque des déterminations et des limites, ce qui est au-dessous des déter-

minations et des limites ; désormais, il exprimera ce qui est
au-dessus de toute détermination, de toute limite assignable.
Et c'est là la notion qui passera de la philosophie alexandrine
dans la tradition chrétienne ; c'est celle, en particulier, que
trouveront tout naturellement sur leur chemin les grands
Cartésiens du xviiᵉ siècle, ceux que Renouvier s'est donné
pour maîtres. Nous sommes avec eux à l'extrême opposé de
l'attitude des anciens Grecs : sans la plus petite hésitation,
ils voient dans l'infini l'idée la plus *positive*, d'où dérive
le fini par privation.

Nous n'avons pas particulièrement envisagé l'infini quantitatif ; mais ces réflexions s'y appliquent aussi, et il est aisé
de deviner quelle pouvait être l'attitude des Grecs, quand ils
se posaient consciemment la question, sur l'infini quantitatif
actuel. L'infini se réalisant sans recevoir le principe de déli-
mitation indispensable à l'être, ce ne pouvait être qu'un
contresens. Ce n'est guère qu'avec Aristote que le problème
se pose vraiment, — et encore, Aristote donne lui-même
l'exemple d'être infinitiste sans s'en douter, quand il affirme
l'éternité du passé ; mais c'est là une croyance instinctive
qu'il partage avec tous les anciens Grecs et même avec tous
les peuples anciens. Si l'on eût exprimé devant un penseur
de l'antiquité anti-chrétienne le besoin d'un premier commencement absolu pour l'univers, il eût ouvert de grands yeux
et eût traité de fou celui qui eût manifesté de telles exigences.
C'est, assurément, un point sur lequel la tradition chrétienne
a produit un retournement dans les esprits. Mais, lorsque
Aristote a le sentiment que, dans une circonstance quelconque,
il s'agit d'affirmer l'infini quantitatif actuel, et non pas seulement l'infini en puissance, il le repousse avec horreur. De
cette horreur la *Physique* nous apporte un long et continuel
témoignage. Au contraire, nous voyons Descartes parler en
toute tranquillité de nombre infini. Par respect pour les formules aristotéliciennes dont la scolastique entretient la tradition, il songe à s'en défendre et prend parfois quelques pré-

cautions pour laisser entendre qu'il s'agit d'indéfini et non d'infini. Mais après lui, en tous cas, les restrictions disparaissent, chez Malebranche d'abord, puis chez Spinoza, qu'on peut dire ivre d'infini, et chez Leibniz.

De sorte que, si nous envisageons les courants de pensée historique où Renouvier se plonge si passionnément, nous ne sommes pas trop surpris de le voir naturellement conduit à l'infinitisme.

II

Expliquons comment son examen de l'infini mathématique concourut, tout d'abord, à produire le même effet.

Le mathématicien, quand il reste dans l'abstrait pur, manie sans doute l'indéfini, par exemple, s'il compte 1, 2, 3... il forme une suite d'abstraits, qu'il juge indéfinie. La conciliation des contradictoires, nous dira Renouvier plus tard, visant assurément son premier état d'âme, n'a jamais pu aller jusqu'à supposer épuisée la suite inépuisable des nombres abstraits. Mais, aussitôt qu'il pénètre dans le monde concret de l'espace et du temps, le mathématicien s'habitue instinctivement à manier des touts réellement effectués, dont les dernières parties sont à l'infini.

Etant donnée une longueur déterminée égale à 1, qu'un mobile doit parcourir, nous pouvons envisager la première moitié du chemin 1/2, puis la moitié de ce qui reste à parcourir 1/4, puis 1/8, puis 1/16, et ainsi de suite indéfiniment. Mais, cette fois, la suite infinie est achevée ; elle est inépuisable, mais elle est épuisée, car le mobile franchit le chemin total. Et le mathématicien, appliquant ses calculs soit à l'espace décrit, soit à la durée du mouvement, dira que les termes en nombre infini 1/2, 1/4, 1/8,... ont une somme parfaitement déterminée et égale à 1. C'est là le problème que soulèvent les arguments de Zénon d'Elée. Descartes réfutant l'argument de l'Achille, qui au fond ne diffère pas du précédent, semble dire qu'il suffit, pour comprendre, et faire disparaître la contradiction, de ne parler que d'indéfini. Renouvier a à cœur de prouver qu'en dépit de son intention Descartes passe bien véritablement à l'infini pour utiliser la formule algébrique, qui donne la somme des termes d'une progression géométrique au cas où la progression est illimitée. « Descartes, dit-il, est au sein du calcul infinitésimal, et, en approfondissant sa propre solution, il eût aisément reconnu que la tendance indéfinie de la somme vers un nombre ne prouve rien, et qu'il est impossible de se refuser à considérer l'infini pour que la réfutation de l'*Achille* devienne valable » (1).

Dès l'antiquité grecque, tant ce procédé est essentiel à la méthode mathématique, l'infini a été couramment manié en géométrie, pour passer des lignes brisées aux lignes courbes, dans l'étude de leurs propriétés générales, et notamment dans le calcul des aires. Il est vrai que les géomètres anciens masquaient la difficulté par des raisonnements indirects, qui démontraient par l'absurde, c'est-à-dire indirectement, de peur d'aborder directement l'infini. Mais au fond, quand on étend au cercle une propriété des polygones inscrits, que fait-on, sinon d'appliquer au cas où le nombre des côtés des polygones est devenu infini, et où chacun d'eux s'est réduit à un point, ce qui était vrai des polygones proprement dits ? Les modernes qui n'ont plus eu les scrupules des géomètres grecs ont fondé pour ces sortes de questions la méthode infinitésimale. On essaie, il est vrai, de la justifier par la notion de limite ; mais elle ne supprime pas l'infini, attendu que, pour passer du polygone à la circonférence, de la corde à la tangente, etc., il faut passer à la limite, et, par conséquent, supposer comblé l'abîme qui séparait l'élément variable de sa limite.

Qu'il s'agisse de la mesure d'une grandeur incommensurable, c'est-à-dire d'une mesure qui ne peut s'exprimer ni

(1) *Manuel de ph. mod.*, p. 396.

par un nombre entier, ni par une fraction, — le mathématicien se garde bien de dire qu'elle n'existe pas. Il fait croître
à l'infini le nombre de parties aliquotes en lesquelles se divise
l'unité ; et il entrevoit à la limite, quand celles-ci deviennent
nulles, une valeur atteinte par une approximation indéfinie :
c'est la mesure cherchée.

Qu'en particulier on cherche l'expression numérique de la
diagonale d'un carré dont le côté est pris pour unité — on se
heurte à la difficulté de calculer la racine du nombre 2 —
qui semble n'en point avoir — il n'en aurait pas, en effet, si
le mathématicien ne passait à la limite, située à l'infini, d'une
suite de valeurs qui ne sont racines que de nombres de plus
en plus approchés de 2.

Et, ainsi, c'est par l'infini simplement affirmé que l'on fait
servir le nombre discret à mesurer le continu de l'espace.

D'ailleurs, on ne songe même pas à prendre la moindre
précaution, quand on parle de l'infini. Les points à l'infini
des lignes courbes sont assimilés aux autres ; le géomètre
qui étudie sur une figure la variation d'une fonction, passe
d'un point à l'infini dans une direction au point à l'infini
dans la direction opposée, disant très tranquillement que c'est
le même. Il est familier, par exemple, avec cette « image
mathématique tout à fait générale, si l'on peut parler ainsi,
de l'accord des deux contraires dans l'infini ; un cercle est
une courbe d'une longueur déterminée, qui, rentrant sur elle-
même, se ferme après une certaine évolution ; nous faisons
grandir le rayon, l'évolution se prolonge et les deux branches
de la courbe qui, à partir d'un point quelconque, paraissent
diverger de plus en plus, se réunissent de plus en plus tard ;
et si, enfin, le rayon est infini, le cercle est une ligne droite
d'une longueur infinie qui revient sur elle-même et se réunit
par ses deux extrémités... à l'infini (1) ».

Ainsi « la doctrine proprement infinitésimale est inévitable

(1) *Manuel de phil. mod.*, p. 297.

et vraie ; et de là le chemin est aisé à regarder les contradictions inhérentes à l'existence de l'infini comme imposées à
l'esprit pour l'intelligence de la nature, l'infini lui-même
comme le mystère suprême des choses, et les couples de
propositions contradictoires comme le dernier mot de la
vérité sur l'essence de Dieu et du monde » (2).

————————

(2) *Esquisse*, t. II, p. 363.

LA LOI DU NOMBRE

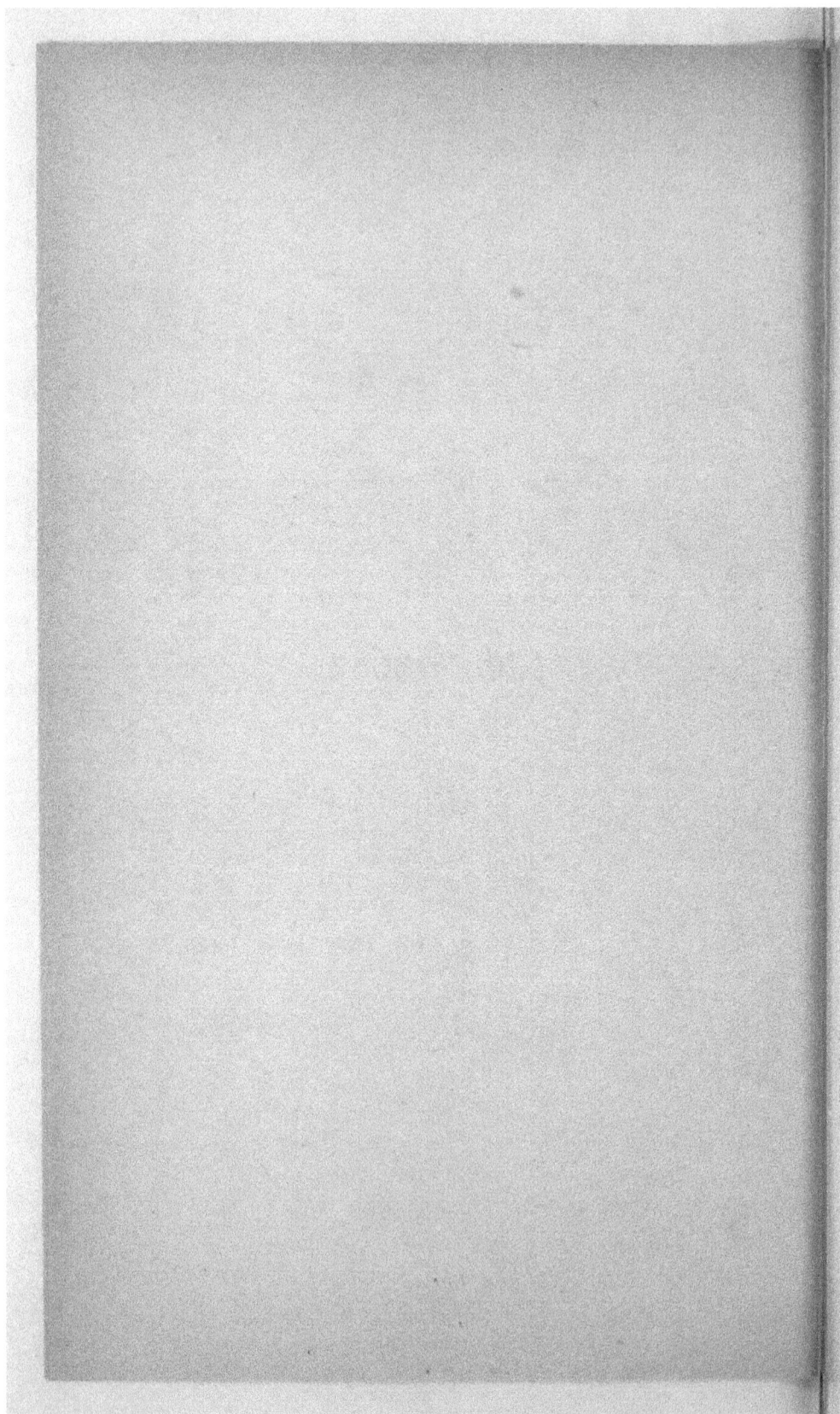

LA LOI DU NOMBRE

Renouvier va-t-il donc s'en tenir à l'infini « comme au mystère suprême des choses », et aux couples de propositions contradictoires comme au dernier mot de la réalité ? En examinant les antinomies cosmologiques de Kant — (le monde a commencé, le monde n'a pas commencé ; l'univers est limité, l'univers est sans limites ; — la matière est composée d'éléments indivisibles, la matière est divisible à l'infini), — notre philosophe sent diminuer sa sécurité. Il lui est tout de même bien difficile de déclarer tranquillement, à la fois, que le monde a commencé et qu'il n'a pas commencé, etc... Pouvons-nous nous dispenser, dit-il, de prendre un parti dans de pareils dilemmes (1) ? Au fond, ils se ramènent à celui-ci : « Avons-nous d'aussi bonnes raisons de supposer que le dénombrement imaginable des choses, tant passées qu'actuelles, répond à des nombres *sans fin*, quoique ces choses soient ou aient *été données*, que de penser que toutes choses données ont numériquement un terme (2) ? » Et poser cette question, c'est mettre en doute l'existence actuelle de l'infini de quantité.

Renouvier revient bien des fois à l'étude de la méthode infinitésimale en géométrie et des principes du calcul infinitésimal abstrait. Sa première solution — infinitiste — était plus ou moins liée à ses tendances mystiques. Elle pouvait aussi provenir en partie de l'influence d'Auguste Comte sur

(1) *Esquisse...*, p. 371.
(2) *Id.*

le jeune mathématicien. Nous savons qu'il avait lu, pendant qu'il était élève de Mathématiques Spéciales, le premier volume du *Cours de Philosophie positive*, et qu'il avait considéré comme une bonne fortune de pouvoir connaître, à ce moment même, la philosophie mathématique de Comte. Or, sur une question qui touche à l'infini de quantité, sur la nature et la signification des différentielles et même des infiniments petits, il trouvait là exprimées quelques idées étranges. La notion de l'infinitésimal y est donnée comme obscure et même comme illogique, quoique aboutissant à des résultats merveilleux. Peut-être n'y avait-il pas loin d'une semblable conception à l'affirmation irrationnelle et mystique, comme dira plus tard Renouvier lui-même, des contradictions qu'à ses yeux réalisait l'infini mathématique. Mais ses réflexions finissent par le conduire à une interprétation de la méthode infinitésimale, qui l'éloigne de Comte et le rapproche de Leibniz, si mal compris à cet égard par Auguste Comte (1). D'un mot, sous l'apparence de l'infini, c'est l'indéfini seul qui entre vraiment dans la pensée du mathématicien ; c'est un fini variable et capable de différer aussi peu qu'on veut de sa limite, mais non de l'atteindre en épuisant l'infini.

S'agit-il d'une grandeur incommensurable avec l'unité, il faut dire franchement qu'il n'en existe pas de mesure exacte : mais ce qui existe toujours, et cela suffit pour les calculs, c'est la mesure d'une grandeur commensurable dont la différence avec la grandeur donnée tombe au-dessous de toute valeur assignable.

Est-il question de la racine carrée d'un nombre qui n'est pas carré parfait, — cette racine n'existe pas ; mais on sait trouver des nombres fractionnaires dont la différence peut tomber au-dessous de toute valeur donnée, et dont les carrés comprennent le nombre considéré.

La méthode qui voulait, dans les exemples de ce genre,

(1) *Logique*, 2ᵉ édition, t. I, p. 435 et seq.

atteindre une valeur idéale cherchée en épuisant une suite inépuisable de termes, était inexacte, très obscure et tout à fait inutile. Seule est rigoureuse et vraiment mathématique celle qui substitue à l'infini l'approximation indéfinie.

Il en est de même dans tous les exemples qu'offre la géométrie. Les polygones inscrits dans un cercle, et dont on augmente le nombre des côtés, ne parviennent pas à se confondre avec la circonférence. Mais si l'on considère, en même temps que les polygones inscrits, les polygones circonscrits formés par les tangentes aux sommets des premiers, la différence entre les aires de deux polygones correspondants, ou entre leurs périmètres, peut devenir inférieure à toute valeur, aussi petite qu'on voudra ; c'est donc l'aire ou le périmètre de ces polygones qui figureront dans toute formule portant sur le cercle lui-même, sauf qu'ils n'y figureront pas par des valeurs déterminées, mais par des valeurs indéfiniment variables, s'approchant les unes des autres autant qu'on veut.

Remarques analogues pour la tangente à une courbe en un point : Il faut renoncer à la conception d'après laquelle les côtés d'une ligne brisée inscrite dans la courbe finissent par se réduire à zéro, donnant alors par leurs directions celles des tangentes ; ces côtés restent finis, mais indéfiniment petits de telle manière qu'ils diffèrent géométriquement des arcs qu'ils sous-tendent aussi peu qu'on veut.

De même, enfin, pour tous les problèmes où le calcul infinitésimal aura un rôle à jouer.

Bref, aux yeux de Renouvier, les mathématiciens rejettent l'infini actuel, ainsi que « les notions inexactes sous lesquelles il se déguise : les incommensurables commensurés, les limites numériques qui ne sont ni nombres entiers ni nombres fractionnaires, et, en un mot, le nombre continu. Les principes du calcul infinitésimal se fixent dans les notions claires de l'indéfini, de l'indéterminé et de l'arbitraire (1) ». Voilà

_____

(1) *Logique*, 2ᵉ édition, t. I, p. 424.

détruit, avec l'infini mathématique, le fondement le plus solide
sur lequel Renouvier pensait pouvoir édifier sa croyance
au caractère antinomique de la réalité ; voilà ruiné le grand
fait scientifique, au nom duquel Renouvier pouvait se permettre de mépriser la vieille logique et de fouler aux pieds
le principe de contradiction.

Mais alors, s'il revenait à la logique et au respect du
principe de contradiction, s'il rejetait de partout où il se cache
l'infini actuel, qu'adviendrait-il des autres opinions auxquelles il avait été attaché jusque-là en philosophie ? « Je
voulus le savoir, nous dit-il lui-même. Jamais la puissance
de la logique ni la fécondité d'un principe porté où il peut
aller, et loin au delà de ce qu'on imagine d'abord, n'appa-
rurent mieux qu'à moi, quand je me mis à développer les
conséquences de ma pensée dans une direction renversée (1).

C'est la philosophie de Renouvier tout entière qui semble
découler de cette nouvelle attitude : il importe de marquer
celle-ci avec précision :

1° L'attachement rigoureux au principe de contradiction
sera désormais la règle première de toute pensée et de toute
affirmation portant sur la réalité. Toutes les fois qu'aux yeux
de Renouvier ce principe se trouvera en jeu, les conclusions
seront catégoriques, apodictiques. Il se prononcera avec une
nécessité impérieuse, quel que soit le domaine où se posent
les problèmes, quelle que soit l'obscurité qui continue à envelopper les points isolés sur lesquels porteront ses affirmations. Il ne renoncera pas pour cela à la croyance ; bien au
contraire, celle-ci tendra à devenir un mode normal de la
connaissance ; elle permettra toujours de dépasser l'évidence
des phénomènes directement observables ; elle jouera son
rôle dans tous les problèmes de métaphysique, notamment :
de sorte qu'il ne faudra pas confondre Renouvier avec un
intellectualiste, qui rejetterait tout ce qui n'est pas donné

(1) *Esquisse*, t. II, p. 374.

logiquement, et qu'il n'y aura, au contraire, aucune exagération à le rapprocher de Kant pour le rôle de plus en plus
marqué des préoccupations morales dans sa philosophie.
Mais, partout où l'esprit cherche la vérité, se trouve une
limite qu'il ne peut franchir : c'est la contradictoire ; et si,
pour l'éviter, il est rejeté vers quelque affirmation, quand
même elle serait inconcevable, il doit s'y tenir avec fermeté.
Ce sera là la source d'un positivisme logique dominant la
métaphysique de Renouvier, chassant impitoyablement sous
le titre de chimères toutes les notions qui impliquent à ses
yeux le contradictoire, et donnant au système une apparence
de solidité rigoureuse qui semble parfois justifier le dogmatisme du maître.

   2° L'infini restera, ainsi qu'il l'a toujours été depuis les
premières pages de Renouvier, comme le véhicule de la contradiction. Il réalisait autrefois par là « le mystère suprême
des choses » ; désormais, il servira à dénoncer la chimère.
La fusion sera si étroite entre le contradictoire et l'infini,
qu'au principe de contradiction nous pouvons substituer celui
qui exclut l'infini. Ce sera le postulat fondamental de la nouvelle philosophie de Renouvier, et qu'il appelle lui-même
« la loi du Nombre » : *Toutes les fois que la réalité concrète
nous donne l'occasion de compter des choses quelles qu'elles
soient, ces choses ne pouvant être en nombre infini, ce qui
serait contradictoire, sont nécessairement en nombre fini.*

   Les applications de ce principe seront nombreuses et importantes. C'est d'abord le problème des antinomies mathématiques qui se trouve résolu. Les thèses de Kant sont vraies ;
les antithèses sont fausses. — Le monde a commencé. —
Voilà ce qu'il faut affirmer. Puis-je saisir cette synthèse totale que serait le monde ? Renouvier nous montrera que non.
Puis-je, d'autre part, comprendre un commencement absolu ?
Puis-je concevoir que quelque chose se soit produit sans antécédent, sans cause ? — Renouvier dira non encore. — Mais
qu'importe ? Il n'est pas nécessaire que nous comprenions

tout, que nous connaissions tout : la raison doit s'incliner devant la nécessité de fuir le contradictoire, et cela l'oblige en particulier à affirmer le commencement absolu du monde.

De même, l'univers est fini. La matière n'est pas divisible à l'infini : le continu est une chimère.

D'ailleurs, l'espace et le temps, et toutes les qualités sensibles qui en participent, ne sauraient avoir d'existence en soi, parce que leur divisibilité sans limite deviendrait la division infinie réalisée : toutes les qualités de ce qu'on nomme la matière sont donc idéales ; la *substance* matérielle est encore une chimère. Par là, la notion générale de substance est gravement compromise, et nous voilà bien près du phénoménisme.

Enfin l'affirmation d'un commencement absolu et la destruction du continu dans le monde font place « aux déterminations possibles qui ne dépendent point d'une manière univoque et absolue des déterminations antérieures et des arrangements ambiants » (1), c'est-à-dire aux actes libres. Or la croyance en la liberté sera la clé de voûte de toute la philosophie morale de Renouvier.

**
**

Renouvier a-t-il justifié l'impérieuse nécessité qu'il attribue à la loi du Nombre ? — Nous ne le croyons pas. De deux choses l'une : ou bien cette loi est une de celles dont il sera bientôt question, comme conditionnant les représentations ; et nous ne trouvons pas alors, dans l'œuvre de Renouvier, la justification de son rôle *spécial ;* par exemple, nous ne voyons pas en quoi elle doit l'emporter sur une autre loi de la représentation, en vertu de laquelle un antécédent est toujours exigé.

Ou bien la loi du Nombre s'impose, — et c'est ce que répète assez souvent Renouvier, au nom du principe de contradiction. C'est qu'alors on oublie qu'en dehors de ces deux hypothèses : que des choses définies pour la pensée aient un

(1) *Esquisse,* p. 389.

nombre fini, ou un nombre infini, il en est une troisième échappant à toute contradiction, à savoir qu'elles n'aient point de nombre du tout ; ou, ce qui revient au même, que la réalité offre indéfiniment des unités nouvelles à qui voudrait compter et former un nombre.

C'est la thèse que nous avons soutenue, il y a longtemps, et à laquelle nous nous permettons de renvoyer. Depuis, M. Couturat a également combattu la loi du Nombre, mais d'une autre manière, — en essayant d'établir la légitimité du nombre infini. Excellente au point de vue du mathématicien, sa thèse nous paraît présenter, dans son application à la réalité concrète, le même défaut que celle de Renouvier, — à savoir la supposition du lien étroit et nécessaire qui rattache les symboles mathématiques à l'expérience. Nous pensons que le moyen le plus sûr, parce que le plus vrai, de dissiper l'illusion que produit encore sur certains esprits la loi du Nombre, c'est de voir dans le Nombre une construction de l'esprit, que nous pouvons être toujours tentés d'ébaucher, sans qu'il soit toujours nécessaire qu'elle s'achève. Et, par là, la discussion de la philosophie de Renouvier nous amènerait aux questions si souvent débattues dans ces derniers temps, avec tant d'exagération de part et d'autre, relativement à ce qu'on a appelé « la philosophie nouvelle ». Nous y reviendrons peut-être quelque jour.

Aujourd'hui, je me bornerai à ajouter un dernier mot. En dépit de certaines apparences, la loi du Nombre n'est pas tout dans la philosophie de Renouvier. D'abord, là même où elle intervient le plus efficacement, il arrive quelquefois qu'elle sert d'argument décisif aux yeux de Renouvier, quelque chose comme la méthode pour Descartes, ou la mise en forme syllogistique pour tout homme qui veut convaincre les autres, — sans qu'au fond elle épuise toutes les raisons qui ont déterminé l'attitude du penseur. Et, en outre, il est de nombreux points intéressants dans l'œuvre de Renouvier qui en sont indépendants.

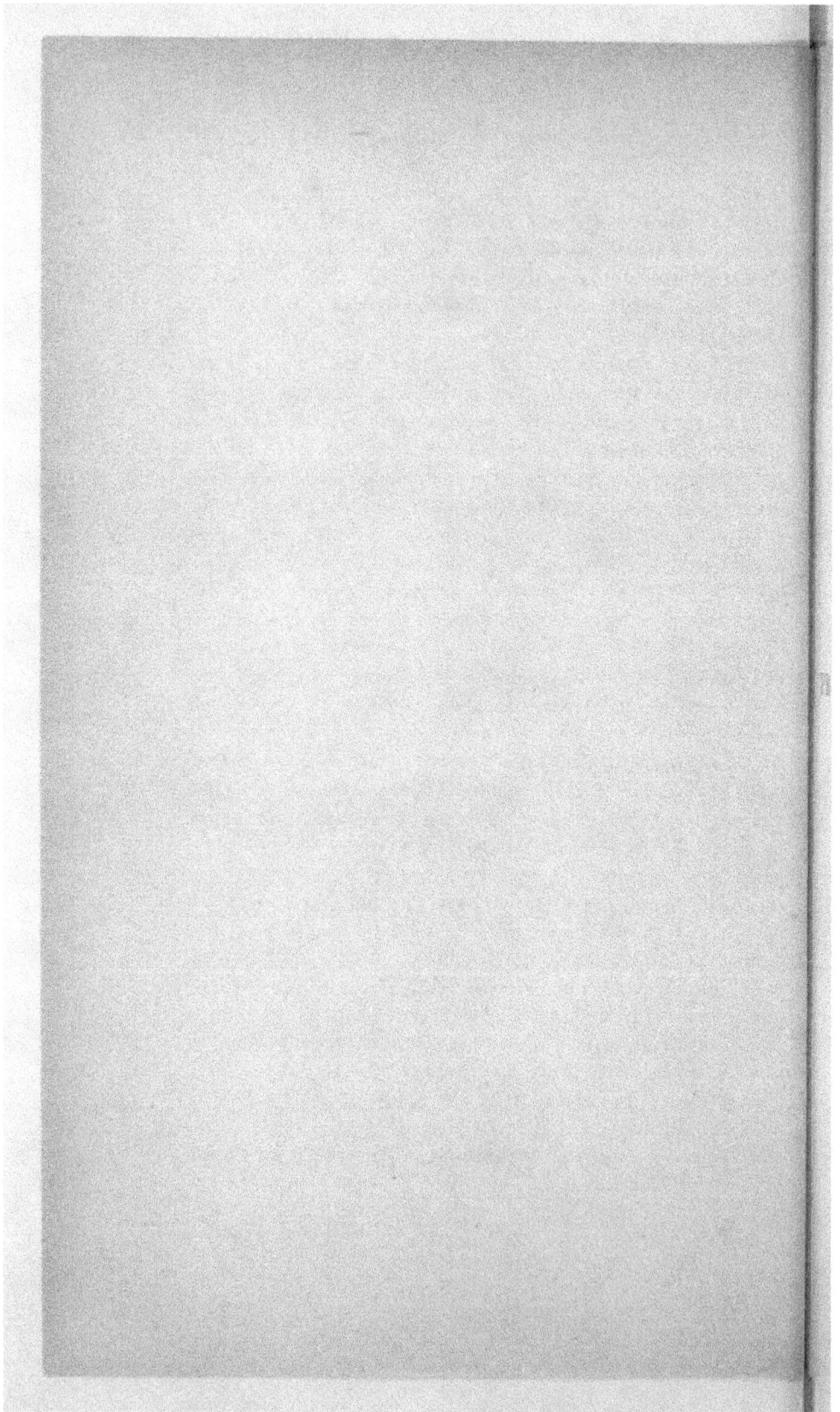

PREMIER ESSAI DE CRITIQUE GÉNÉRALE

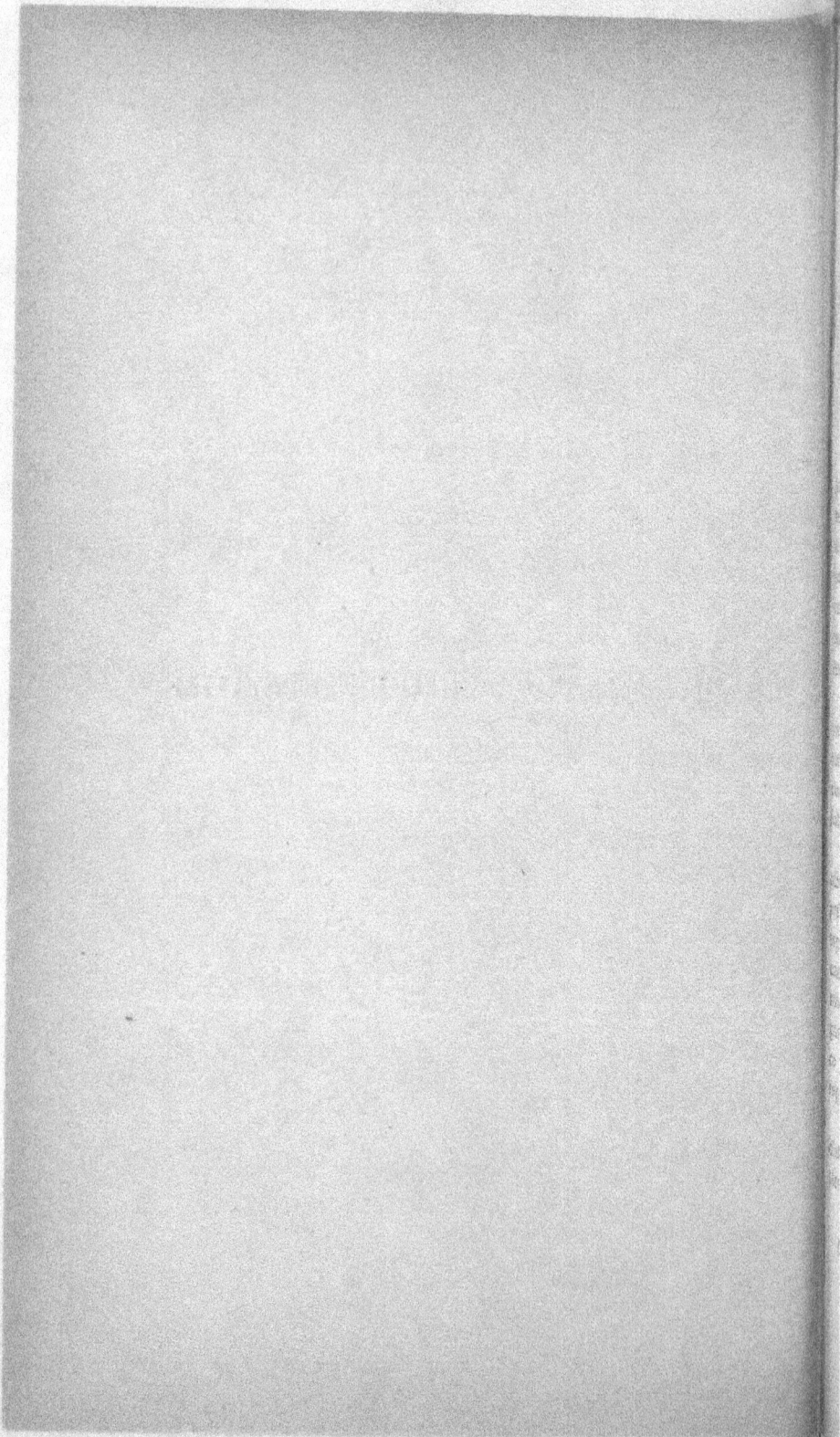

PREMIER ESSAI DE CRITIQUE GÉNÉRALE [1]

Quelles sont les choses que nous connaissons, dont nous parlons, que nous soumettons à des analyses ou à des synthèses ? Que ces choses soient des notions, des sentiments, des volitions, où des corps, des animaux, des peuples, etc., ce sont des *représentations*. Et c'est presque une tautologie que cette affirmation, car les *choses* qui ne sont pas représentations, qui ne sont pas représentées, qui n'ont pas d'apparence, ne peuvent pas nous occuper.

« J'appelle *représentation*, dit Renouvier, cela qui se rapporte aux choses, séparées ou composées d'une manière quelconque, et par le moyen de quoi nous les considérons. » Les choses, en tant que représentations, sont nommées encore des *faits* ou des *phénomènes*.

Toute représentation est à double face, en ce sens qu'elle admet toujours deux aspects, l'un *représentatif*, l'autre *représenté*. Si l'on adoptait le langage kantien, on dirait que ces aspects sont l'un subjectif, l'autre objectif. Renouvier adopte une terminologie contraire, et nomme objectif le premier et subjectif le second. D'une manière générale, *objectif* désignera pour lui ce qui est objet de connaissance ; et *subjectif*, ce qui est de la nature d'un sujet, c'est-à-dire d'une chose représentée.

Les représentations sont posées indépendamment de la distinction du moi et du non-moi. Elles ont bien pour caractère commun la conscience, où chacun peut être tenté de

(1) 1re édition, 1854 ; 2e édition, 1875.

reconnaître son moi ; mais la conscience et le moi ne *me* définissent pas ; ils appartiennent à toute représentation claire et complète.

D'ailleurs, la représentation n'implique que ses propres éléments, et l'on n'y saurait trouver la trace d'un représenté. sujet *en soi*, échappant à la représentation. La connaissance ne reçoit point de représenté sans représentatif, point de représentatif sans représenté, et c'est dans une représentation qu'elle reçoit l'un et l'autre. La représentation ne sort d'elle-même que pour poser la représentation, la représentation à d'autres titres, sous d'autres caractères, c'est-à-dire en d'autres rapports, mais encore et toujours et partout la représentation. Ainsi la chose en soi est une chimère.

Mais nous touchons à un point fondamental : il faut reprendre la démonstration par le détail, et l'appuyer sur des raisons appropriées à chacune des formes de la représentation dont on serait tenté de faire la *chose en soi*.

Du côté des représentés, nous trouvons surtout l'espace, le temps, la matière, le mouvement. Le principe du nombre suffit à montrer qu'il nous est interdit d'en faire des choses en soi. L'espace et le temps sont, en effet, indéfiniment divisibles. Si la matière est continue, elle implique la même propriété ; si elle est formée d'atomes, c'est à chacun de ceux-ci, en tant qu'il remplirait un espace, que s'appliquerait la remarque. Et enfin le mouvement est décomposable indéfiniment dans sa durée et dans son étendue. Si ces éléments étaient autrement qu'idéaux, le contradictoire serait réalisé. Les qualités secondes et les qualités premières de la matière disparaissent avec eux, comme choses en soi.

Du côté des représentatifs, attribut intellectif, attribut actif, attribut affectif..., il est clair que les deux derniers s'évanouissent aussitôt qu'on essaie de les mettre à part de leurs relations. On en peut dire autant des idées particulières. Restent les idées générales, et, parmi elles, surtout celle de substance. C'est l'idée d'un substratum qu'on place sous les phénomènes. La substance serait *ce* qui pense, *ce* qui sent, etc... Mais tout le monde avoue qu'elle n'est connue que par ses modes, lesquels, par définition même, ne sont pas en soi. Même remarque pour l'idée plus générale encore d'*être*. Si on la dépouille de tout caractère impliquant relation, elle ne garde alors plus rien en soi, elle n'a rien qui la distingue du néant.

Essaiera-t-on, pour sauver la chose en soi, de songer à une substance universelle, absolue, éternelle, enveloppant l'infinité passée, actuelle et future de ses déterminations ? On se heurterait trop vite à la contradiction.

Bref, la chose en soi n'est rien pour le savoir, rien pour nous. C'était une idole, qu'il fallait avant tout abattre, pour pouvoir aborder ensuite au pays de la lumière et des réalités toutes nues. « L'idole qu'on doit abattre offusque d'abord la vue ; son antiquité et sa divinité prétendue imposent aux plus hardis, et, telle est la force du préjugé, que chacun s'attend à voir la nature entière s'abîmer quand tombera le dieu. Les coups mêmes qu'on lui porte ont quelque chose de fantastique et rendent des sons étranges. Mais l'œuvre de révolution n'est pas plus tôt accomplie qu'un étonnement tout nouveau se produit : l'idole est connue pour ce qu'elle est, on touche le bois qui est vermoulu, et, lorsque enfin elle tombe en poussière, il se trouve que rien n'est changé autour d'elle ; chaque chose a conservé sa place et son nom, il ne s'est point fait de vide dans la réalité » (1).

*
* *

Cette réalité n'est pas faite d'une poussière incohérente de phénomènes. Les phénomènes se composent et sont en relation les uns avec les autres ; ils sont liés, entrelacés ; la composition et la relation sont soumises à des ordres perma-

(1) *Logique*, 1, p. 96.

nents, à des lois. Les êtres différents qui composent le monde
sont des phénomènes constitués en synthèses régulières, soumises à des *lois*, ou encore caractérisées par leurs *fonctions*.
Il y a des lois et fonctions de l'ordre *subjectif*, qu'étudient les
sciences du monde inorganique et du monde vivant ; et il y a
les lois et fonctions de l'ordre objectif ou représentatif, ou
les catégories, lois si générales qu'on peut les dire conditions de toute connaissance et de toute expérience. Le philosophe doit en dresser la liste. La classification de Kant est
artificielle et arbitraire. 1° Il a eu tort de ne pas voir dans
la catégorie de relation la clef de toutes les autres ; 2° il a
distingué l'espace et le temps des catégories, comme formes
de nature spéciale (intuition sensible), quand on doit déclarer
que chaque catégorie a sa forme propre et irréductible, et
quand c'est cette propriété même qui fait une catégorie ;
3° il a présenté un partage de la connaissance en trois branches, *sensibilité*, *entendement*, *raison*, qui est mal fondé, et
auquel il est plus exact de substituer la distinction des catégories ; 4° Kant a eu le tort de ne pas faire une catégorie de
la personnalité ; 5° il aurait dû de même compter la *finalité*
et le *devenir* comme catégories ; 6° sa classification des jugements est artificielle. Ces critiques générales, auxquelles Renouvier ajoute une série d'autres moins importantes, n'em-
pêchent pas, dit-il, la classification kantienne des catégories
d'avoir une très grande valeur. Kant a eu le mérite « de mettre
en lumière la forme des lois irréductibles de la connaissance,
la forme ternaire : thèse, antithèse, synthèse. [Ainsi, pour la
quantité : unité, pluralité, totalité ; pour la qualité : réalité,
négation, limitation, etc.] De plus, il a parfaitement défini
la nature et l'objet des catégories, lois et règles aprioriques
de la représentation, formes constantes affectées par la matière de la connaissance, par les phénomènes ». C'est à lui
que Renouvier semble se rattacher vraiment, en présentant
à son tour son système de catégories, si différent qu'il soit du
sien. Le tableau qu'il nous offre est le suivant :

Relation (Distinction, identification, détermination).

Nombre (Unité, pluralité, totalité).

Position (Point, espace, étendue).

Succession (Instant, temps, durée).

Qualité (Différence, genre, espèce).

Devenir (Rapport, non-rapport, changement).

Causalité (Acte, puissance, force).

Finalité (Etat, tendance, passion).

Personnalité (Soi, non-soi, conscience).

La *relation* est la plus universelle des lois de la représentation ; car, en nous et hors de nous, tout se pose par relation.

Du point de vue de l'homme, nécessairement imposé à l'homme, on peut dire aussi que la loi de personnalité est universelle. Tout pour nous est relatif à la conscience. En parcourant les catégories du point de vue de la conscience, on formera le tableau de ce qu'on nomme les facultés. Et la psychologie et la morale pourront se greffer, sous les idoles de la vieille métaphysique, sur le système des catégories. — Disons, en passant, que cette catégorie de la personnalité n'aura qu'à se généraliser plus tard pour conduire Renouvier à la nouvelle Monodologie et au Personnalisme.

Les synthèses qui correspondent aux diverses catégories sont les données premières, qui, en se combinant entre elles, fournissent les principes fondamentaux de toutes les sciences. Quand le savant ne fait que développer ce qui était contenu dans une de ces synthèses, — quand, par exemple, l'arithméticien tire sa science de la synthèse du nombre, on doit dire qu'il procède analytiquement. C'est encore ce qui arrive, quand le géomètre déduit des théorèmes de la seule synthèse de la *position*. — Mais, dès que des principes, des définitions, des axiomes tirent leur signification et leur valeur du rapprochement des catégories hétérogènes, — comme, par exemple, quand le géomètre unit la position au nombre, — il procède synthétiquement. Et c'est ainsi qu'il convient de corriger la

5

distinction fameuse qu'a faite Kant des jugements synthétiques et des jugements analytiques.

*
* *

Toute la représentation ne consiste pas dans les rapports
généraux qui la dirigent ; ceux-ci sont des cadres où doit pénétrer la matière qu'apporte l'expérience, « l'ensemble des
relations de fait, dans leurs modes concrets, dans leurs modes
variables, en un mot les rapports effectifs de nombre, étendue
et durée, les espèces, les changements, les causes, les fins.
les personnes, le monde (1) ». Jusqu'où peut aller la connaissance du monde ? Et d'abord qu'est-ce que ce *monde* ?
C'est la synthèse des phénomènes objets d'une expérience
possible sous une conscience quelconque.

Le *Monde*, c'est le Tout-Être, comprenant ce qu'on appelle
vulgairement monde, univers, nature, Dieu... Du moins, c'est
là une définition nominale que pose Renouvier, sauf à se
demander si une pareille synthèse, unique et totale, peut se
constituer par l'expérience et la science. Pour répondre à
la question, il essaie d'appliquer successivement chacune des
catégories à la détermination de cet ensemble.

1º *Relation*. — La totalité des choses ne saurait entrer
dans un rapport avec *autre* chose : par là, le monde est immédiatement rejeté hors de la série de l'expérience possible.

2º *Nombre*. — Les phénomènes donnés (actuels, passés
ou prédéterminés) ne sauraient former un tout infini, —
ce serait contradiction. Ils forment donc un tout fini, et un
nombre. Mais il est impossible à l'expérience et à la science
d'atteindre ce tout qui les dépasse.

3º Conclusions analogues pour l'*étendue* et la *durée*. —
Le monde est limité dans l'espace ; il a eu un premier commencement. — Mais il est au-dessus de notre pouvoir de

(1) *Logique*, 3, p. 7.

déterminer ces limites et ce commencement. — La division des phénomènes a également une limite, qui exclut le plein et le continu.

4° *Qualité*. — Pouvons-nous définir la qualité spécifique du monde ? Beaucoup de philosophes l'ont essayé ; mais leur procédé est toujours le même : ils identifient à quelqu'un des genres ou à quelqu'une des différences, ce qui, par définition même étant la synthèse totale, enveloppe tous les genres et toutes les différences.

5° *Devenir*. — Le monde devient ; mais, comme nous ne pouvons le déterminer à aucun moment, nous ne pouvons comparer deux états successifs, ni déterminer par conséquent son devenir.

6° *Causalité*. — Le monde contient sa ou ses causes, s'il en a, puisque, par définition, il ne laisse rien en dehors de lui. D'ailleurs, le principe de contradiction, en excluant l'infini, empêche la série ascendante des événements de se poursuivre sans fin, donc celle-ci se termine, et il y a nécessairement une ou plusieurs causes premières. Tout ce que nous pouvons dire d'elles, c'est qu'elle n'est pas ou qu'elles ne sont pas sans commencement. Mais, quant à décider entre une et plusieurs, quant à déterminer cette force première, une ou multiple, quant à fixer ses relations avec les phénomènes, tout cela est impossible.

7° *Finalité*. — Le principe de contradiction ne nous oblige pas à affirmer la fin du monde ; à plus forte raison, la nature du but dernier nous échappe entièrement. Nous devons, puisque au contraire nous affirmons le commencement des choses, y rattacher une fin, ou plusieurs fins..., mais en renonçant à apporter plus de précision que pour la force première.

8° *Personnalité*. — Une conscience enveloppant la totalité des phénomènes cesse de répondre à la notion de conscience, attendu que l'opposition du soi ou non-soi s'évanouit, dès que la conscience est identique avec le monde. On essaie de convevoir une conscience première, d'où seraient émanées les autres : l'émanation est une image obscure, et même conbien on conçoit cette conscience première comme ayant créé des choses et des consciences autres qu'elle-même. Mais on se heurte à des difficultés insondables, si l'on veut concevoir l'acte créateur ; on se heurte à la contradiction, si on attribue à cette conscience première la connaissance de tous les possibles à venir.

L'hypothèse d'une pluralité primitive de consciences distinctes semble seule rationnelle ; mais, quant à déterminer leur nature, leur hiérarchie, leurs rapports, leurs actions, leurs fins, cela serait chimérique.

Donc la synthèse totale des choses nous est inaccessible. Rien n'empêche les croyances d'essayer d'y atteindre, — à la condition, bien entendu, qu'elles ne heurtent pas le principe de contradiction et qu'elles se soumettent à des exigences relatives au premier commencement, à la limitation de tout dans l'espace, etc...

Telle est, dans les grandes lignes, la matière du *Premier Essai*. — Nous y reviendrons dans la prochaine leçon, pour caractériser de plus près l'attitude de Renouvier et la nature de ses conclusions.

*
**

Quand on ouvre le premier *Essai de critique générale*, on est frappé de ce que le ton n'est plus du tout celui des études métaphysiques antérieures, notamment de la conclusion du premier manuel et de l'article « Philosophie » de l'Encyclopédie nouvelle. Renouvier veut rompre avec la vieille métaphysique ; il veut construire une philosophie de la connaissance en s'adressant au sens commun, et ne faisant appel qu'à des notions ou des jugements que tout homme est capable de formuler. L'impression que donne la lecture des premières pages de l'*Essai* rappelle celle que donnait le *Discours de la Méthode*, ou mieux encore celle que donnaient les premières pages du *Cours de Philosophie positive*.

Ce dernier rapprochement est d'autant plus naturel que l'attitude de Renouvier est ici, à sa manière, franchement positiviste. Les attaques contre la substance, et, à cette occasion, le langage énergique et méprisant contre les préjugés qui font garder et honorer de chimériques idoles, — quitte, pour les penseurs à cesser même de se comprendre ; — puis la préoccupation des limites de la connaissance possible, en ce qui concerne le monde : tout cela rappelle étrangement l'attitude d'Aug. Comte. — La différence est pourtant très grande entre les deux penseurs, même quand ils semblent dire la même chose. Comte reste sur le terrain de la science objective, et ne se préoccupe en aucune manière du « représentatif » et de ses lois. Nous ne trouvons pas trace chez lui du moindre essai d'analyse des conditions de la pensée et de la connaissance. Par son effort, au contraire, Renouvier reste dans la tradition philosophique et particulièrement dans la tradition kantienne, et l'on peut dire que son phénoménisme dérive en ligne droite de la Critique de la Raison pure. Peu importe qu'il croie devoir faire appel à la loi du nombre pour donner des démonstrations spéciales de l'idéalité de l'espace et du temps ; l'esprit de ce phénoménisme tel qu'il se dégage de l'ensemble des analyses de Renouvier, c'est celui même de Kant. Le noumène de Kant, c'est exactement la substance inconnaissable et inaccessible de Renouvier, — sauf que le premier surajoute comme une sorte de dogme la croyance à son existence, et que le second juge ce dogme inutile. Mais, en dehors du noumène, Kant a expliqué la réalité et l'objectivité de la connaissance scientifique ; il a expliqué les choses et les êtres, par la permanence, la constance des lois qui relient entre elles toutes les manifestations phénoménales, et c'est là, en sommes, l'idée essentielle de Renouvier.

Mais il ne faut rien exagérer, ni prendre trop à la lettre la déclaration par laquelle Renouvier se donne simplement comme le continuateur de Kant. Sans revenir sur la solution des antinomies par la loi du nombre ni sur le rejet du noumène, si l'on va au fond du problème des catégories, c'est-à-dire du problème fondamental du criticisme kantien, il y a une distance appréciable entre les deux penseurs. Je ne vise pas, par là, seulement les différences que mentionne Renouvier lui-même, et dont quelques-unes, comme la séparation des intuitions sensibles et des catégories de l'entendement, correspondent à des divergences générales et profondes. Je vise surtout la notion même de la catégorie chez l'un et chez l'autre. Pour Kant, il s'agit de conditions *a priori* que l'esprit humain, par sa nature même, impose à tous les éléments matériels de connaissance ; ce sont des lois de l'esprit à travers lesquelles, nécessairement, il connaîtra les choses. Cette opposition de l'esprit et des choses n'a plus de sens chez Renouvier, qui ne se trouve plus en présence que des représentations ; et les catégories sont seulement les lois générales, auxquelles nous constatons qu'elles sont soumises. Ce sont des faits généraux comparables à ceux que les sciences découvriront dans les choses, ou dans les représentations vues du côté subjectif (pour parler comme Renouvier). Il peut bien être question encore de *forme*, opposée à *matière*, comme pour Kant, mais non tout à fait dans le même sens. « J'appelle forme, dit Renouvier, à propos de la loi de relation, ce qu'une relation a de général et par quoi elle embrasse un nombre indéfini de relations d'ailleurs distinctes ; le nombre, l'étendue, etc., sont des formes suivant ce langage ; et j'entends par la matière ce qui est propre à une relation donnée dans un phénomène tout à fait individuel et différent de tout autre phénomène : ce nombre concret, cet intervalle déterminé sensible, cette sensation, l'objet particulier représenté dans cette sensation, etc., sont des matières qui entrent dans les relations où elles se subordonnent à des formes communes. » Les éléments formels sont donc les rapports généraux, et les éléments matériels sont les choses particulières auxquelles ils s'appliquent, et qui sont données par l'expérience. Celle-ci ne saurait donner le général. C'est pourquoi les catégories, quoique passant nécessairement sous les conditions de l'expérience pour se manifester, « se présentent pourtant comme supérieures à l'expérience, capables de l'envelopper, propres à la conduire et à lui imposer des règles », — mais logiquement, et comme le général enveloppe le particulier et le conditionne. Il n'y a plus, ici, pour Renouvier de problème proprement métaphysique : il ne se pose pas la question de l'origine de la connaissance et de l'innéité. Si les catégories sont antérieures à l'expérience, c'est logiquement ; comme la loi de la gravitation universelle conditionne celles de la chute des corps, et comme celles-ci conditionnent le mouvement de tel projectile.

Cela se comprend mieux encore, si l'on songe qu'il est permis de rapprocher ici Renouvier d'Aristote lui-même. Écoutons-le d'ailleurs : « Aristote s'est, le premier, servi du mot *catégorie*. Il désigne sous ce nom les termes principaux auxquels peuvent se ramener les choses qu'on énonce. Le problème qu'il se propose en essayant d'énumérer ces termes, est bien au fond celui qu'aujourd'hui nous énonçons ainsi : *définir et classer les rapports irréductibles et fondamentaux de la représentation...* D'ailleurs, les rapports généraux, dont je parle, n'étant pas des faits d'expérience, en tant que généraux, il faut nécessairement les concevoir comme régulateurs de l'expérience (1). » Renouvier, il est vrai, adresse quelques reproches très sérieux à la table des dix catégories d'Aristote, mais on est loin de sentir que les deux philosophes aient parlé des langues différentes. On a, au contraire, l'impression que c'est bien à propos du même problème, entendu de la même manière, sans que tous deux assurément y aient ajouté la même importance, qu'ils apportent des solutions diverses.

Est-ce à dire qu'il faudrait rapprocher Renouvier des philosophes anglais, dont les tendances empiriques se concilient avec le souci de l'analyse subjective des conditions de la connaissance ? Bien loin de là : il profite de toutes les occasions qui s'offrent à lui de combattre l'école anglaise. Très voisin de Hume en ce qui touche les idoles de la substance et de la cause, très voisin de Stuart Mill en ce qui concerne sa définition de la cause dans les sciences, — il s'éloigne d'eux, comme de Spencer, et il le répète assez souvent, en ce qu'ils veulent expliquer par l'expérience les lois irréductibles et premières des représentations, — ou en ce qu'ils attribuent à l'expérience les données fondamentales des sciences mathématiques. Et c'est ce qui fait l'originalité de Renouvier, de s'opposer à la fois aux philosophes dogmatiques et aux empiristes, en même temps qu'à la fois il touche de très près aux uns et aux autres. Quant, par exemple, on est frappé de l'entendre parler comme Hume à propos de la cause, quelle surprise n'a-t-on pas aussitôt après de le voir poser avec le système de ses relations, de ses fonctions, de ses rapports, une sorte d'harmonie universelle telle que l'a conçue Leibniz, dit-il, et telle que l'ont préparée tous les Cartésiens ? (D'ailleurs, il fait prévoir comment il corrigera cette conception de

(1) *Logique*, t. I, p. 194.

Leibniz par l'admission des actes libres dans l'ensemble des déterminations.)

Rapproché de la pensée contemporaine, quel effet produit le premier *Essai de critique générale* ? Il nous semble très actuel et très vivant. D'abord, parce qu'il est très peu métaphysique, et qu'en somme, même dans ses études sur la substance et sur les catégories, il ne cesse de se placer à un point de vue positif. Il observe, il note les données distinctes de la pensée, il décrit, mais n'explique pas. L'objet de ses analyses et de ses descriptions étant d'ailleurs uniquement la représentation, cela achève de placer Renouvier au point de vue même de la connaissance scientifique. Et c'est pourquoi les développements dont il a rempli la deuxième édition sont souvent de très riches aperçus sur les principes et les méthodes de l'analyse, de la géométrie, de la mécanique et des sciences naturelles. Tantôt Renouvier s'y montre très réaliste (je ne dis pas empiriste), comme dans les sciences du nombre et de la géométrie, rattachant nécessairement tous leurs énoncés aux conditions générales de la pensée ; tantôt il a le sens des constructions utiles et commodes échafaudées par le savant, comme dans les principes de la dynamique, et dans l'étude des notions de force et d'inertie... Toujours il se montre un homme de son temps, dont les discussions (si j'en excepte son horreur de l'infini) ont gardé de nos jours, leur intérêt puissant.

Quant aux thèses philosophiques elles-mêmes, — et d'abord aux attaques contre la mystérieuse substance, — ne remuent-elles pas une foule d'idées qui sont dans le sens du progrès de la pensée philosophique ?

Quand, au nom d'une doctrine positiviste, on demande à l'âme humaine de cesser de méditer sur tel ou tel problème insoluble, c'est souvent une exigence contre laquelle nous protestons par le seul fait que ce problème nous intéresse, théoriquement ou pratiquement. — Mais il arrive que, d'eux-mêmes, certains problèmes cessent de se poser, soit que, par une évolution naturelle de la pensée, ils en viennent à se poser autrement, soit que, consciemment ou non, nous ayons un jour le sentiment que nous nous étions fait illusion sur leur véritable intérêt. Or, ne semble-t-il pas en être ainsi de la vieille question métaphysique des choses en soi ?

Essayez donc de dire à un physicien de notre temps que les innombrables travaux sur les propriétés calorifiques, électriques, lumineuses, magnétiques de la matière, sur certains états nouveaux de cette matière, sur ses propriétés radioactives, — ainsi, d'ailleurs, que toutes les lois énoncées en chimie ou en minéralogie ; — essayez de dire que tout cela ne nous fait rien connaître de la matière elle-même ; que l'esprit humain en est resté, à l'égard de celle-ci, à l'ignorance complète, — car la matière proprement dite, la substance qui se cache sous les manifestations sensibles, est par sa nature même insaisissable et inconnaissable pour nous... Notre physicien ne sera-t-il pas quelque peu surpris de votre préoccupation ? Certes, il accordera sans peine l'impossibilité pour ses recherches de se terminer jamais, il dira que la *totalité* des propriétés de la matière doit lui échapper toujours ; mais il aura quelque peine à s'intéresser à la possibilité de l'existence d'une chose si mystérieuse et si insaisissable que rien ne s'en montre jamais dans les multiples manifestations qu'il étudie. — Est-ce le besoin d'unité ou de stabilité, de permanence, qui justifierait ce problème de la substance inconnaissable ? Mais la science poursuit autrement cette unité, cette permanence, et sur le terrain des phénomènes, des lois et des causes, s'efforce avec succès de les atteindre toujours davantage... Est-ce le besoin, au contraire, de contester l'unité fondamentale des choses et des êtres, et de reléguer dans une sorte de substance inférieure tout ce qui est mouvement, force, matière, pour en dégager d'autres substances plus riches ou plus pures ?... La lecture de Renouvier est, à cet égard, des plus édifiantes. Nul plus que lui ne sent la nécessité de séparer

radicalement les choses hétérogènes. Il affirme l'irréduc-
tibilité des faits chimiques aux faits mécaniques, des faits
organiques aux faits physico-chimiques, des faits psychiques
aux faits organiques..., et il l'affirme précisément parce qu'il
ne s'embarrasse plus de la chose en soi. Du point de vue
où se confondent les choses et les synthèses régulières de
phénomènes, comment pourrait-on entendre, par exemple, la
réduction du biologique au physico-chimique ? Si le chimiste
parvient à faire naître un organisme vivant dans son creuset,
cela empêchera-t-il qu'avant cette naissance il n'y avait pas
d'organisme, d'adaptation, de vie, tandis qu'il s'en trouve
après ? — Au contraire, si l'on pose cet absolu qu'est la
chose en soi, au nom de quelle nécessité voudra-t-on parler
de distinctions irréductibles ? pourquoi plusieurs sortes de
substances ?

Un problème pratique, la possibilité de survie pour l'âme
humaine, a semblé étroitement lié à celui de la substance. Et
pourtant, cette liaison des deux problèmes n'a-t-elle pas pesé
d'un poids très lourd sur le vieux spiritualisme ? Voyez les
difficultés inextricables où l'entraînait la simple question de
l'âme des animaux, difficultés dont témoigne, par exemple,
la théorie des animaux machines de Descartes et de
Malebranche.

En fait, sentons-nous seulement le besoin de demander
aujourd'hui, à propos d'un philosophe, s'il est spiritualiste
ou matérialiste, au sens que donnaient autrefois à ces mots
les problèmes métaphysiques de la substance ? Ne faudrait-il
pas répondre en tous cas le plus souvent, ou bien que nous
n'en savons rien, si familière que nous soit sa pensée profonde, — ou bien que ni l'une ni l'autre épithète ne lui sont
applicables ? Il y a et il y aura toujours deux catégories
d'esprit, dont les unes ne verront dans le monde que forces
brutales et nécessité, et dont les autres laisseront une place
à l'idée, à la pensée, à l'énergie de l'effort humain... Mais, de
moins en moins, croyons-nous, ils réduiront leurs préoccu-

pations à la subtilité insaisissable des difficultés que posait le vieux spiritualisme substantialiste.

Si le souci de la chose en soi s'atténue dans le mouvement naturel et spontané de la pensée philosophique, il est clair que le problème des catégories, surtout au sens général où l'a posé Renouvier, doit être plus que jamais le problème fondamental de toute critique de la connaissance et de la science. S'agit-il de tenter une classification des sciences, voyez si l'une des solutions les plus récentes, celle de M. Goblot, n'implique pas au fond qu'on dresse le tableau des notions irréductibles : nombre, position, durée, adaptation (ou finalité), etc... S'agit-il d'expliquer non pas même la nécessité, mais seulement l'utilité, la commodité, de certaines constructions théoriques de la science rationnelle, les analyses psychologiques ou physiologiques ne dispenseront jamais de chercher s'il n'y a pas quelques lois générales de la pensée, créant pour l'esprit certains besoins (ordre, unité, simplicité, etc...) et expliquant son choix parmi plusieurs constructions possibles. — Mettons en question, et c'est un des problèmes les plus passionnants pour nos contemporains, la possibilité d'une morale qui ne se réduise pas à une statistique des mœurs, ne serait-ce pas en proposer une solution que de placer l'*idéal* parmi les catégories ? S'il était vrai, — comme je le crois d'ailleurs, — que, dans toute pensée, par cela même qu'elle s'exprime et se communique, à plus forte raison dès qu'elle prétend devenir une vérité humaine, se trouve une dose d'idéal, et s'il était vrai que nous ne pouvons même pas traduire les faits et ce que nous nommons les réalités positives sans les dépasser quelque peu ; s'il était vrai que, dans les sciences exactes elles-mêmes, la vérité la plus simple ne se peut énoncer que comme un postulat dépassant l'expérience ; bref, s'il était vrai que l'esprit pense toujours sous l'aspect de l'idéal, n'oserait-on pas davantage parler de vérité à propos d'idéal moral ? — Renouvier rattache les considérations morales à la catégorie de la finalité ; mais c'est, en somme, par un détour. J'aimerais mieux franchement inscrire l'idéal comme une des lois les plus générales de la pensée.

Aussi bien, d'ailleurs, il ne s'agissait pas ici de refaire la table des catégories de Renouvier, mais de montrer qu'avec de semblables préoccupations il se plaçait au cœur même des problèmes les plus actuels.

D'un mot encore, par son premier *Essai de critique générale*, Renouvier a bien suivi le mouvement qui entraîne la pensée philosophique, s'il est vrai que celle-ci tende à devenir, de plus en plus, *humaine*.

LE DEUXIÈME ESSAI DE CRITIQUE GÉNÉRALE

LE DEUXIEME ESSAI DE CRITIQUE GÉNÉRALE

Le deuxième *Essai de critique générale* a pour objet la psychologie. A la suite d'une analyse des fonctions humaines, il pose avec les problèmes de la volonté, de la liberté, de la certitude, les bases fondamentales de la philosophie de Renouvier.

Résumons d'abord, brièvement, l'analyse des fonctions humaines, dont la distinction et la classification nous sont présentées d'après la table des catégories.

Aux catégories de nombre, position, succession et devenir, prises isolément, correspondent les fonctions mécaniques du corps humain. Avec l'addition de la qualité, on passe aux fonctions physico-chimiques, — et au delà par la causalité et la finalité, aux fonctions biologiques, lesquelles se distinguent donc d'une manière définitivement tranchée de toutes les précédentes, qu'elles supposent d'ailleurs. La conscience apparaît avec la sensibilité, qui reconnaît en fait la condition préalable de l'organisation, mais qui, en aucune manière, ne peut se réduire à celle-ci.

On ne passe pas de la sensibilité à l'entendement, comme on le faisait des fonctions biologiques à la sensibilité ; car la sensibilité, étant déjà représentative, implique, dans quelque mesure, l'entendement.

Les fonctions de l'entendement se laissent diviser, toujours d'après la distinction des catégories. A la *relation* correspond la fonction de comparaison qui se trouve chez l'animal et chez l'homme, mais qui s'accompagne chez l'homme d'attention et de réflexion. A la *quantité* correspond la fonction de

6

numération ; à la *position*, l'imagination ; à la *succession*, la mémoire. La pensée est la fonction du *devenir* de la conscience. « Les phénomènes de conscience... admettent autant de modes de liaison et de transition dans le devenir, qu'il y a de rapports et de lois pouvant les enchaîner mutuellement à l'état de repos. Cette loi générale et irréductible est l'unique explication des *séries* de la pensée, ou de l'*association des idées* » (1). Renouvier fait correspondre ensuite la raison à la catégorie de la *qualité*. L'infini, l'absolu et l'inconditionné n'étant que des chimères, la raison ne dépasse pas en réalité l'entendement, et n'en est qu'une fonction, à côté des autres, — à savoir, celle qui distribue les phénomènes suivant la qualité, différencie, généralise et spécifie. Elle est propre à l'homme. Pour faire son office, elle nous oblige à chercher dans la mémoire et dans l'imagination des signes, des noms, qui permettent des déterminations claires et se prêtent à la communication de la pensée entre les hommes. — Par sa définition même, la raison est surtout la fonction du jugement, et par suite aussi du raisonnement.

Raison, jugement, raisonnement, signification, appartiennent en puissance à l'enfant, qui les met en acte pour communiquer avec ses semblables. L'animal possède de ces fonctions la part qui reste si l'on en retranche la réflexion, les séries de la pensée ne dépendant alors que de la nature ou de l'habitude.

En somme, aux six premières catégories correspondent la raison et l'entendement, réunis sous le nom d'*Intelligence*. Il n'y a pas entre l'entendement et la raison plus de différence qu'il n'y en a entre une catégorie et l'ensemble de quelques autres. Leur caractère commun est de subordonner le représentatif au représenté. Des trois dernières catégories (finalité, causalité, personnalité) dépendent maintenant la *passion* et

(1) *Psychologie*, t. III, p. 377.

la *volonté*, qui subordonnent au contraire le représenté au représentatif.

La *passion* est la fonction donnée dans la synthèse d'un *état* et d'une tendance de la conscience. Ou bien elle est *développante*, si la fin est à atteindre, a pour objet le bien ou le mal, le beau ou le laid, et s'appelle désir ou aversion, amour ou haine, espérance ou crainte, etc. Ou bien la passion est *possédante*, si la fin est possédée (joie ou tristesse, amitié ou inimitié, admiration ou mépris, etc.). — Ou bien enfin la passion est *acquérante*, si la fin est atteinte dans le moment même, et est alors un transport joint à l'émotion (ravissement, enthousiasme, attendrissement ; étonnement et sentiment du sublime et du ridicule ; — peur, colère, etc.). La passion chez l'animal ou chez l'homme peut être, suivant les cas, instinct ou habitude.

Je dois m'excuser de résumer en aussi peu de mots toute cette première partie du deuxième essai, si pleine de fines analyses, mais j'ai hâte d'arriver aux questions qui nous placent surtout au cœur de la philosophie de Renouvier, et d'abord à l'étude de la *volonté*.

*
* *

La volonté est caractérisée par le fait que nous nous sentons capables de suspendre, ou de prolonger, ou de susciter des représentations. Elle est quelque chose de plus que la spontanéité. Celle-ci s'observe déjà dans l'organisme le plus simple, qui ne se réduit pas uniquement aux effets des actions extérieures, qui a comme une prédisposition fixe en lui-même, qui est capable de réaction sur le dehors. Elle s'observe encore dans certains faits de conscience qui se suivent, comme dans les rêves, ou dans les mouvements locaux et changements internes qui naissent des passions... Mais, dans tous ces cas, il y a loi, nécessité. « Quant aux autres représentations de conscience se joint celle d'appeler, suspendre ou bannir ces mêmes représentations ; quand le pouvoir qui résulte de la généralisation de ce phénomène paraît établi grâce à ces faits d'attention, d'abstraction systématique, de réflexion soutenue et variée, dont l'ensemble est une véritable analyse automotive ; quand l'indépendance de la représentation appelante, suspensive ou bannissante, trouve une confirmation spécieuse dans la divergence des actes humains, dans leur opposition ou dans l'imprévu de leurs conséquences ; quand une passion est retenue et neutralisée, puis vaincue, puis extirpée jusqu'à sa racine par l'appel et le maintien constant de quelque motif pris de plus haut ou de plus loin, d'ordre différent : alors il faut dire qu'il y a volonté. Un grand fait est donc celui-ci : que la représentation se pose, en puissance, comme suspensive d'elle-même, et comme suscitative de telles autres qu'elle envisage dans l'avenir... (1) » La volonté est une cause, on peut le dire clairement à la condition d'écarter la substantialisation de la cause ; l'acte de la volonté se nomme *volition*, et Renouvier en donne cette définition : « J'entends par volition le caractère d'un acte de conscience qui ne se représente pas simplement donné, mais qui se représente pouvant ou ayant pu être ou n'être pas suscité ou continué, sans autre changement apparent que celui qui se lie à la représentation même, en tant qu'elle appelle ou éloigne la représentation (2) ».

La volonté fait la personnalité. Dans toute représentation se puise, jusqu'à un certain point, la conscience du moi individuel, mais mêlée à des éléments étrangers, qui viennent de l'expérience, ou qui, par leur généralité, appartiennent aux autres consciences. La mémoire, quelle que soit la permanence qu'elle crée, n'empêche pas le moi d'apparaître « comme un fragment d'un ordre total » ; — les passions,

(1) T. I, p. 299.
(2) *Idem*, p. 301.

quelle que soit l'individualité qui s'y montre, nous dominent et constituent des chaînes qui nous soumettent aux lois du monde. « Mais, lorsque paraît ce pouvoir..., cette représentation toujours possible qui se pose avant toutes les représentations, pour elles, contre elles, pour elle-même et contre elle-même, on peut dire l'individualité humaine constituée. La synthèse de la mémoire avec ce pouvoir élève la conscience au point culminant, et constitue essentiellement ce que nos langues et nos lois nomment une *personne* (1). »

La volonté a son rôle dans toutes les fonctions, mais surtout, se trouve à la racine de l'attention et de la réflexion, — lesquels caractérisent l'homme et le distinguent de l'animal. Par ces deux fonctions se réalise le développement de la volonté, qui aboutit à ce qu'on a coutume d'appeler la *raison* chez l'homme comparé à l'animal et à l'enfant même. Un empire s'établit sur les instincts, sur les passions ; des habitudes naissent qui luttent contre d'autres ; « une nature se produit par dessus la nature ». L'abstraction et la science deviennent alors possibles.

*
* *

Mais cet empire de la raison par la volonté ne se réalise pas constamment ni aisément. L'énergie de l'homme est un état normal, mais violent ; c'est un état de lutte, qui est loin d'être permanent. Il y a d'abord dans la vie de l'homme de nombreux états et actes organiques ou instinctifs, en tous cas échappant presque complètement à la volonté. Tels sont tous les faits qui se produisent pendant le sommeil ; tels sont les songes et les séries de représentations qui les composent ; tel est l'état de somnambulisme naturel.

Durant la veille et dans la vie normale, au moins en appa-

(1) T. I, p. 306.

rence, la volonté peut avoir plus ou moins d'action : 1° sur les mouvements organiques ; — 2° sur les affirmations.

1° La volonté et les mouvements. — En exceptant les mouvements inconscients des organes, distinguons les mouvements instinctifs ; les mouvements consécutifs aux passions ; ceux qui suivent l'imagination et se produisent comme si l'objet imaginé était présent ; ceux qui suivent la simple représentation de mouvements envisagés seulement comme possibles ; enfin les mouvements consécutifs à la volonté. — Celle-ci peut opposer des habitudes aux mouvements instinctifs, agir sur les passions, suspendre les représentations, et avoir ainsi une action sur les mouvements correspondants ; enfin, toute une série de mouvements musculaires semblent être les effets directs de la volonté. — Comment faut-il l'entendre ? Dans ses définitions, Renouvier n'a jamais parlé de la volonté comme d'un pouvoir moteur de l'organisme, mais seulement comme d'un pouvoir d'agir sur les représentations. — D'autre part, l'analyse des cas de mouvements consécutifs d'une imagination ou de la simple représentation du mouvement comme possible (vertige) montre bien qu'il faut séparer, à l'occasion du mouvement, la préreprésentation et le processus organique qui s'ensuit. Poussant cette indication jusqu'au bout, Renouvier n'admet pas que les mouvements volontaires soient directement produits par la volonté. Celle-ci à ses yeux suscite la représentation, la maintient et écarte toute autre qui lui serait contraire. « La volonté n'est ni un fait biologique ni un fait directement lié à des faits biologiques. Elle produit la locomotion dans certains cas, en ce sens seulement qu'elle appelle ou qu'elle cesse de suspendre une représentation, laquelle, en possession exclusive de la conscience, est immédiatement suivie du mouvement : ceci à raison des lois qui rattachent les fonctions organiques à celles de la sensibilité, de l'entendement et de la passion. L'effort, le nisus, ne doit pas être fixé dans le rapport de la volition, comme d'une sorte de ressort mystique, avec l'acte propre du mobile matériel... (1) » Maine de Biran se trompait, quand il croyait pouvoir établir la parfaite connexité de *l'effort voulu* et de la *sensation musculaire*, ce qui l'amenait à l'aperception immédiate et certaine de la causalité libre. Il confondait la volition et l'organe, et omettait l'élément qui les sépare : l'imagination du mouvement prévu (2).

2° La volonté et les affirmations ; théorie du *vertige mental*. — Quand certaine sensation nous conduit à affirmer la présence d'un objet réel, il peut se faire que nous nous abandonnions trop vite à son témoignage. C'est ce qui se produit dans le cas de l'hallucination. On affirme la réalité de l'objet, parce qu'on ne contrôle pas son jugement ; on ne cherche pas si toutes les impressions qu'on peut en recevoir sont d'accord avec la première ; on ne se demande pas si les autres formulent le même jugement ; ou bien on ne veut pas tenir compte de ce que l'on juge d'une façon exceptionnelle, etc. Bref, on ne s'applique pas à douter, à critiquer ; la volonté s'abandonne. A sa place, les passions interviennent pour confirmer l'erreur : crainte, colère, orgueil...

Les mêmes remarques s'appliquent à ces états de sensibilité interne, qui font dire au sujet : on me persécute, on m'empoisonne, on m'électrise, etc., et au nombre desquels il faut compter les affections démoniaques.

La folie enfin, dans ce qu'elle a de plus général, réside surtout dans les affirmations inexactes, qui ne subissent aucun contrôle rationnel. Certes elle peut s'accompagner de lésions organiques, mais les médecins auraient tort de ne songer qu'à ces lésions ; en fait, et intellectuellement, le malade offre l'exemple de cet abandon de la volonté, que Renouvier nomme le *Vertige mental*.

D'ailleurs, ce vertige mental s'étend bien au delà des faits que d'ordinaire on considère plus proprement comme

(1) T. I, p. 398.
(2) *Idem*, p. 401.

morbides ; nous avons constamment à nous tenir en garde contre lui, et Renouvier l'analyse dans un certain nombre de cas particulièrement intéressants. Écoutez-le nous décrire le vertige d'ordre mystique : « Le cas fondamental, où l'on voit des populations entières céder au même vertige, s'observe sous l'influence de la foi au merveilleux, quand l'imagination crée ou transforme des événements qui puissent répondre à l'attente des consciences. Il s'agit de constater des miracles, de vérifier des prophéties. Quelques hommes se trouvent capables de voir et d'entendre ce qu'ils attendent, et par cela seul qu'ils l'attendent ; un plus grand nombre, d'avoir vu ou entendu ; presque tous d'altérer de bonne foi la vérité des faits qu'on leur transmet : les récits qui passent par la filière des masses reçoivent l'amendement des passions de chacun, une moyenne s'établit et le peuple se voit enfin en possession d'un système de témoignage et de traditions qui ne témoignent et ne propagent que sa propre pensée. C'est ainsi que les religions se fondent sur des miracles, et que, même au temps d'incrédulité relative, il n'est pas impossible de rencontrer des témoins sincères de prodiges contemporains... (1) ».

Renouvier montre une autre application des phénomènes du vertige mental dans l'effet des pratiques habituelles en matière de religion. « La plupart des hommes contractent des habitudes d'opinion et de croyances par suite de la répétition et de l'imitation, soit que la réflexion y ait ou non présidé à l'origine ou y soit intervenue depuis. Un vertige qui agit dès l'enfance devient souvent insurmontable, et c'est ainsi qu'on est de la religion de ses pères. Mais prenons l'homme fait, maître de sa raison et capable de l'exercer. Toute représentation prolongée ou répétée devient une tentation ; donc celui-là même qui réfléchit est naturellement conduit de la pratique à la théorie, dans chaque ordre de con-

(1) T. II, p. 21.

ception. L'imagination prend peu à peu les formes appropriées aux objets dont on la frappe, et la pensée s'exerce
à découvrir des motifs de faire ce qu'on fait, d'assurer ce
qu'on assure, et à s'en persuader. Il suffit de mentir un peu
d'abord ; on est de bonne foi plus tard. Qui veut croire
croira : « *Faites comme si vous croyiez, pliez la machine* »,
disait Pascal. La méthode est infaillible, surtout si l'on
tient sa raison bien soumise, à quoi l'on parviendra en se la
représentant *ployable en tous sens*, autre expression de ce
même grand génie qui unissait les dons de la raison la plus
forte à ceux de l'imagination la plus vertigineuse... (1) ».

Quel remède faut-il appliquer au vertige mental ? Le trai-
tement médical physique est sans doute quelque fois rationnel, dans la mesure où les troubles organiques facilitent les
tentations vertigineuses. Mais Renouvier demande dans tous
les cas une éducation de la volonté et de la raison, et il
réclame à grands cris cette éducation pour le genre humain.
« C'est vraiment là que s'ouvre une source d'espérance, car
rien n'a été tenté jusqu'à ce jour, et les générations succes-
sives... se développent dans un triste abaissement des fonctions volontaires, au profit exclusif de la mémoire, qui assu-
jettit l'homme à l'acquis et au passé en toutes choses ; puis
de l'imagination particulière et de la logique particulière de
chaque profession, autres puissantes chaînes ; enfin des passions, qu'on le contraint de dissimuler et qui ne le dominent
que mieux... L'éducation seule, dans le sens élevé du mot,
couperait la racine du mal, si elle était dirigée de manière
à exercer la réflexion propre et indépendante, à fortifier
la volonté, à créer l'habitude d'une comparaison désintéressée
des motifs de juger et de croire dans tous les cas possibles.
— Le dernier mot de l'éducation dont je parle, celui qui
comprend tout, quand on le creuse, est *savoir douter, appren-
dre à douter*. Et n'est-ce pas aussi le secret du bon sens ?

(1) T. II, p. 25.

L'ignorant doute peu et le fou ne doute jamais. Si les hommes savaient douter, il n'y aurait point de fous parmi eux, *intellectuellement parlant* : et, si l'éducation du genre humain n'est pas une utopie, ce n'en est pas non plus une que la disparition graduelle de la folie en tant que maladie mentale et aliénation de la conscience (1) ».

Comme application de cette théorie du vertige mental, Renouvier nous donne, dans la 2ᵉ édition de la Psychologie, une brève mais très originale étude sur Pascal. Il fait tenir sa pensée dans cinq thèses principales : 1° Incertitude, au point de vue de la raison raisonnante, des doctrines philosophiques et religieuses ; — 2° obligation pour tout homme d'examiner l'énigme à lui proposée par une religion existante (le catholicisme) ; — 3° le fameux pari ; — 4° l'assimilation de l'homme à une machine dirigée par des impressions et des habitudes ; — 5° possibilité pour chacun de croire ce qu'il a décidé de croire, en faisant comme s'il croyait. Renouvier rend justice à quelques-unes de ces affirmations ; montre, à propos du pari, l'erreur de Pascal, qui oublie les innombrables religions ou conceptions auxquelles s'appliquerait aussi bien son raisonnement ; puis conclut, à propos de la dernière thèse, qu'elle est purement et simplement une provocation au vertige mental. « La cinquième thèse, thèse pratique succédant aux thèses d'observation et de raisonnement, consiste à engager le sujet intellectuel, le penseur inquiet et découragé qui veut se reposer dans une croyance, et ne sait s'en faire une par lui-même et dans sa raison, à employer toutes les ressources de volonté qui lui restent à se créer des habitudes systématiques, *avant de les connaître bonnes*, et de se placer ainsi dans une situation d'esprit telle que ses déterminations imaginatives et passionnelles deviennent à la fin fatales dans un sens prévu. C'est l'homme qui, voulant se jeter dans un précipice et n'en ayant pas le courage, est

(1) T. II, p. 38.

invité par un psychologiste à se mettre sur le bord et à regarder assidûment le fond, dans l'espoir que le vertige le prendra et lui fera faire ce qu'il craint. Ainsi les thèses de Pascal se résument en ces mots : *une provocation au vertige moral*. Seulement, ici, ce que le psychologiste conseillait, il l'avait fait lui-même, et disait s'en trouver bien : « *Sachez que ce discours... (1).* »

Nous avons insisté sur cette théorie du vertige mental, d'abord pour l'intérêt qu'elle présente en elle-même ; ensuite, parce qu'il faudra la connaître et s'en souvenir — quand nous aurons parlé de la croyance, et du rôle que Renouvier y reconnaît à la liberté — pour se garder de le confondre avec ceux qui, voulant atteindre à la certitude, s'abandonnent et ferment les yeux.

(1) T. II, p. 38.

LIBERTÉ ET CERTITUDE

Tant qu'il se bornait à l'analyse de la volonté, Renouvier pouvait dire qu'il s'en tenait aux apparences, mais déjà sa théorie du vertige mental n'impliquait-elle pas la *réalité* de la liberté ? A défaut de celle-ci, tout n'est-il pas vertige ? La question se trouve donc posée, dès maintenant, dans toute sa gravité : la liberté est-elle, ou non, autre chose qu'une apparence ?

Aux partisans de la nécessité , on peut opposer les objections suivantes :

1° Nous parlons tous comme si certains faits *avaient pu être autrement*. Si tout est nécessaire, si les actes humains sont pré-déterminés, notre langage est ridicule et extravagant.

2° Si tout est nécessaire, les notions morales perdent leur signification. « Il ne faut plus parler de crimes, il faut parler de loups et de tempêtes ; il ne faut plus citer les actions vertueuses, il faut montrer d'inoffensifs agneaux et des plantes bienfaisantes. La justice n'est plus justice pour réprimer, elle est exécution ; on tue un ennemi, on étouffe un enragé... Mais il faut plaindre, aimer, sauver des hommes que la fatalité des circonstances pervertit ou entraîne ? Pourquoi cela ? Vous pouvez éprouver cette faiblesse, d'autres la surmonteront... » Il n'y a plus de devoir, il n'y a plus de droit. Tout cela n'a plus aucun sens.

3° Si tout est nécessaire, il n'y a plus de vérité. « L'erreur est, en effet, nécessaire aussi bien que la vérité, et leurs titres sont pareils à cela près du nombre des hommes qui tiennent pour l'une ou pour l'autre, et qui demain peut changer. » Cet argument, le plus original de ceux que présente ici Renouvier, ne se comprend bien que si l'on se souvient de sa théorie du vertige mental, et que lorsqu'on a vu sa théorie de la certitude. Il n'y aura pas de vérité, digne de certitude, s'il n'y a pas possibilité de douter, de suspendre son jugement, de soumettre ses affirmations à une libre critique.

4° Si les notions de moralité et de vérité disparaissent dans l'hypothèse de la nécessité, il faut rejeter aussi l'idée d'un progrès humain.

Ces arguments sont-ils décisifs ? Qui nous dit que nous ne nous trouvons pas en présence d'une nécessité « semblable à l'escamoteur, qui, de toutes les cartes du jeu qu'il nous présente ouvert, sait nous faire prendre *librement* celle qu'il nous a prédestinée ? »

D'autre part, que nous disent en général les partisans de la liberté ? Voulant échapper à la détermination par les motifs, ils déclarent que la volition est indépendante des motifs ; qu'elle se surajoute aux apparences de la raison ou de la passion, sans connexion avec elles. Et, en vérité, la *liberté d'indifférence* qu'ils affirment ainsi se prête aux mêmes objections que la nécessité, ne pouvant davantage justifier ni les notions morales, ni celle de vérité.

Les théories de la nécessité et de la liberté d'indifférence ont un vice commun : elles séparent radicalement la volition des motifs qui la précèdent. D'un côté, on déclare qu'elle suit toujours le dernier motif, comme l'effet suit sa cause ; de l'autre côté, on voit la volition se surajouter sans cette liaison. De part et d'autre, on refuse de reconnaître la volition impliquée déjà dans les motifs eux-mêmes. « Lorsque, à la place de la formule à termes abstraits : *le motif prépondérant détermine la volonté*, on essaie d'introduire un énoncé à termes pleins et synthétiques, on trouve : *l'état formé de passion, d'intelligence et de volonté, duquel fait partie la représentation d'un motif jugé capable de déterminer un acte subséquent, détermine effectivement le dernier acte.* — Et si, dans cette autre formule : *la volonté est à elle-même son motif*, on comble les mêmes lacunes, il vient : *l'acte formé de volonté, d'intelligence et de passion, duquel fait partie la représentation d'un état jugé la conséquence de cet acte, détermine effectimement cet état.*

Du moins, voilà comment Renouvier conçoit la liberté, du point de vue de la conscience, et comme fait représentatif.

Du point de vue synthétique, quand nous passons à l'ordre général des phénomènes, le fait de la liberté ne se trouve-t-il pas en contradiction avec la causalité universelle ?

Écartons, d'abord, toute doctrine substantialiste, qui, dans la nature, dans le monde, dans la matière ou dans l'esprit universel, pose un être unique et avec lui consolide le système de la nécessité. La science elle-même ne nous montre-t-elle pas la *chaîne des choses?* — D'abord, il n'existe pas de science totale liant les faits de tout ordre, et l'on peut encore parler des faits volontaires auxquels n'atteignent pas les lois des sciences positives. La science s'achèvera, dit-on, et déjà nous assistons à des tentatives de construction des sciences morales qui enveloppent dans leurs lois les prétendus actes libres de l'homme. — Pardon ! répond Renouvier : « Personne ne conteste, quelque opinion qu'on puisse avoir de la liberté morale, qu'il y ait des actions humaines diversement probables, en raison des tendances établies dans une certaine société, et des causes qui les favorisent dans une certaine mesure » ; mais il ne s'agit alors que de la cause abstraite des actes considérés dans leurs moyennes approximatives et dans leurs résultantes, et nullement de la cause active de chaque acte individuel. La loi des grands nombres, que d'aucuns invoquent contre la liberté, n'est au contraire que la mise en formule de l'*égale possibilité* d'une série de cas, c'est-à-dire, en somme, d'une indétermination complète, de sorte que, si on voulait la faire intervenir dans le problème de la liberté, elle serait plutôt favorable à celle-ci.

En outre, il n'est nullement question, à propos des actes libres, d'une exception à la causalité. Les actes libres ont une cause : c'est « l'homme dans l'ensemble et la plénitude de ses fonctions ». Loin d'être isolés, ils se rattachent étroitement aux données antérieures des passions et de la connaissance ; le fait de la liberté consiste seulement en ce qu'un autre ordre aurait été possible.

Enfin, si le mystère qu'on trouve dans la liberté est celui d'un premier commencement, n'oublions pas que le principe du nombre s'en accommode infiniment mieux que les doctrines nécessitaires, lesquelles se heurtent aisément à la contradiction. Ainsi la liberté apparaît comme probable. « L'analyse fait pencher en sa faveur, contre la nécessité, la balance du jugement. Mais de quel jugement ? D'un jugement libre, s'il est vrai que je délibère librement, et que je ne suis point prédéterminé à recueillir et à combiner bien ou mal les éléments de ma conviction. Alors c'est à la liberté qu'il appartient de déclarer si la liberté est ou non. Dans cette hypothèse, que peut être pour moi la certitude, et qu'est-ce encore qu'une probabilité ? Si, au contraire, je porte nécessairement un jugement que nécessairement d'autres rejettent, comme je sais qu'ils le font, et si nécessairement je me trompe, où sera le signe de mon erreur, où la preuve de la vérité ? Et l'erreur et la vérité en général que sont-elles ?... Le problème de la liberté se pose donc jusque dans le fait de la solution qu'on y donne, et on voit à quel point la liberté et la vérité sont liées (1). » Et Renouvier est conduit, avant d'aller plus loin, au problème de la *certitude*.

On est certain, quand on *voit*, quant on *sait* ou quant on *croit*. Le troisième terme semble ordinairement correspondre aux conditions les moins stables de la certitude. — Erreur ! il exprime le fait le plus général ; car voir et savoir, c'est bien plutôt croire que l'on voit, croire que l'on sait. — Voyons de

(1) *Psychologie*, t. II, p. 92.

plus près les éléments qui font cette croyance exempte de doute ; en d'autres termes, analysons les conditions de la certitude.

Quand je suis incertain, cela peut tenir à trois causes ; ou bien les données de la sensibilité et de l'entendement sont insuffisantes ; elles manquent de clarté, de sécurité, de rigueur ; la représentation intellectuelle est incomplète. Je ne comprends pas ou je ne suis pas sûr, — bref, *je ne sais pas*.

Ou bien je sens que les faits à propos desquels je doute sont éloignés de moi, qu'ils ne m'intéressent pas, et que je ne fais pas le moindre effort pour les atteindre et les connaître ; — *je ne me passionne* pas.

Ou, enfin, je me laisse tirailler dans des sens différents par des représentations opposées, et je n'ai pas l'énergie de prendre parti, je suis sans volonté, — je *ne veux pas*.

Inversement, la certitude se réalisera si : 1° je suis en possession d'éléments intellectuels assez clairs, assez précis, assez sûrs ; 2° si je suis suffisamment attiré par les faits dont il est question pour apporter à les éclaircir toute la complaisance nécessaire ; 3° si ma volonté est capable de fixer mon jugement.

Tout le monde n'admettra pas aisément l'intervention de l'élément passionnel et de l'élément volontaire dans la certitude. Il convient donc d'insister.

A. — *Elément volontaire*. — Il n'y a lieu d'en parler que si l'on écarte l'hypothèse de la nécessité, car celle-ci entraîne que la volonté se fonde dans la passion ou dans l'intelligence, que l'erreur soit nécessaire et qu'aucune preuve n'existe de certitude. Avec la liberté, se trouve rétabli le pouvoir de doute et de contrôle critique à propos de toute affirmation, quelle qu'elle soit. Qu'on n'invoque pas l'*évidence* avec laquelle s'offre et s'impose telle ou telle connaissance. Il ne saurait en être question que pour les faits de conscience, qui sont assurément les données irréductibles. Mais, dès qu'on les dépasse et qu'il s'agit seulement d'affirmer la réalité extérieure du moindre objet correspondant à une sensation, l'évidence disparaît, la réflexion, et, par conséquent, la volonté a son office à remplir. Dans toutes les opérations de la pensée intervient la mémoire ; or sur quelle garantie s'appuie-t-elle au delà du sentiment actuel d'après lequel on pense ne pas se tromper ? Le jugement et le raisonnement impliquent toujours l'exercice de la mémoire ; et, d'ailleurs, nous savons bien qu'en dépit de leur évidence ils conduisent parfois au sophisme et à l'équivoque. Mais, même en admettant la valeur logique des raisonnements, ceux-ci ne portent la conscience au delà du point où ils la trouvent que s'il intervient dans leurs séries des *synthèses*, que l'on accepte telles qu'elles s'offrent. Or, ou bien ce sont des données de l'expérience, auxquelles s'appliquent les remarques suggérées par le moindre fait de perception, ou bien il s'agit de principes qui affirment certains rapports généraux des représentations, mais dont aucun en réalité ne se dégage complètement de la réflexion. Le principe de contradiction lui-même n'a-t-il pas été contesté ?

B. — *L'élément passionnel.* — A propos de toutes nos affirmations, il accompagne l'élément volontaire. La clarté, la force persuasive des représentations exercent une attraction sur la conscience qui poursuit, dans la certitude, la tranquillité, la sécurité ; qui poursuit aussi la joie de savoir, pour le savoir lui-même et pour ses conséquences. L'élément passionnel a particulièrement son rôle dans les jugements dits nécessaires, et qui semblent le plus évidemment s'imposer à notre intelligence. S'ils sont nécessaires, en effet, c'est que, eux rejetés l'ordre entier du monde s'écroule, et que nous ne résistons pas à la passion qui nous porte à affirmer la réalité des lois et la possibilité de la connaissance.

« En résumé, nous distinguons dans la constitution de la certitude, outre l'apparence intellectuelle, deux forces dont nous ne séparons pas cette apparence : la force qui pousse à affirmer et celle qui se fait sciemment affirmative : la pas-

sion et la volonté... Le signe radical de la volonté, la marque essentielle de ce développement achevé qui fait l'homme capable de spéculation sur toutes choses, et l'élève à la dignité d'être indépendant et autonome, c'est la possibilité du doute. Aussi n'est-il pas étonnant que l'homme vraiment éclairé et profondément cultivé se distingue beaucoup plus par les points de jugements où il se laisse aborder au doute, et convient de son ignorance, que par ceux où il possède une ignorance imperturbable. Au contraire, l'ignorant doute peu, le sot encore moins, et le fou jamais. Le monde serait bien différent de ce qu'il est si la plupart des hommes savaient douter... La certitude n'est donc pas et ne peut pas être un absolu. Elle est, ce qu'on a trop souvent oublié, un état et un acte de l'homme... La certitude est une croyance, comme je le disais d'abord... Commune à tous les hommes, essentielle à leur nature, quant à ses données ou applications fondamentales, on voit à quel point elle diffère de la foi mystique, variable, arbitraire, que l'imagination enfante pour la plus grande partie et que l'éducation et la coutume perpétuent dans les nations (1)... »

Parmi les penseurs qui l'on précédé, le seul dont Renouvier ait le sentiment de se rapprocher par cette théorie de la certitude, — qu'il déclare devoir à Jules Lequier, — c'est l'auteur de la *Critique de la Raison pratique*. Mais une distance très grande l'éloigne encore de Kant, qui, en séparant radicalement la raison théorique et la raison pratique, partage artificiellement et faussement l'homme en deux, et méconnaît l'étroite indissolubilité de tous les éléments qui interviennent dans toute certitude, soit qu'elle affirme ou qu'elle nie.

*
* *

(1) T. II, p. 151 et suiv.

Comment s'établit en fait, chez l'homme, cette « assiette morale » qu'est la certitude, à propos des divers problèmes qui se posent ? Il faut distinguer plusieurs ordres d'affirmations. Au premier rang sont les « thèses de réalité ». La première pose la conscience identique et permanente avec ses fonctions et ses lois. C'est la réalité de la personne représentée à elle-même. — La seconde pose la réalité du monde, en dehors de notre représentation. — La troisième vise, dans le monde, les fonctions, les lois, les consciences. — La quatrième établit la conformité des lois du monde et des êtres qui le composent à celles que notre représentation leur applique par ses catégories.

La volonté libre avait certes un rôle dès ces premières affirmations ; mais, en fait, elles sont formulées par tous les hommes, comme d'instinct, et sans que l'on songe à soulever le problème de la liberté. Il ne saurait en être de même, dès que nous dépassons ce premier ordre de connaissances, et que nous abordons le domaine où apparaissent les innombrables systèmes philosophiques et que domine le problème même de la liberté. Au second ordre de certitude, c'est donc elle-même que la liberté affirmera, si elle s'y sent conduite par des motifs moraux suffisants ; Renouvier nous fait assister à la délibération dernière, en reprenant toutes les raisons déjà indiquées en faveur de la liberté. Il peut insister davantage, maintenant, sur le rôle qu'a la volonté dans la vérité et la certitude. Enfin, il nous montre la liberté comme faisant la personne humaine, l'empêchant d'être un rouage et comblant ainsi la seule lacune qui semblait subsister après la disparition de la substance. La liberté qui, sans contredire aucun des principes directeurs de la science, apparaît comme le seul fondement de la moralité, de la vérité, la seule justification de la certitude, le fondement de la personne, la liberté met décidément fin au doute sur sa propre réalité et fixe la croyance en elle-même.

———

Il me reste à résumer la fin de la *Phsychologie*, plus exactement, le contenu du troisième volume de la deuxième édition. Je le ferai brièvement, puis je présenterai quelques réflexions générales sur le *Deuxième Essai*.

La certitude dans les sciences se rattache aux « thèses de réalité ». Elle doit être la même dans toutes les sciences. — Aussi n'est-ce point d'après leur certitude, mais d'après la nature de leurs données, que Renouvier en esquisse une classification. Il en présente une première et grande division en deux groupes : sciences logiques et sciences physiques. Les premières se rattachent à la catégorie de la qualité (logique formelle, grammaire générale), ou à celles de la quantité, nombre, position, succession, devenir (algèbre et arithmétique, géométrie, dynamique et statique, calcul des probabilités). L'objet des sciences logiques se puise dans l'entendement et dans ses formes. Les sciences physiques tirent leur objet de l'expérience externe. Elles se subdivisent en deux grandes classes, selon la méthode, à savoir : celles qui procèdent par l'histoire (observation, description), et celles qui instituent une expérience systématique et rationalisée. Enfin, dans chacun de ces deux derniers groupes, une division s'établit, suivant que les objets sont inorganiques ou organisés. C'est ainsi que le premier de ces groupes (histoire naturelle) comprend la cosmologie et la géologie, puis la botanologie et la zoologie ; le second (physique) comprend l'astronomie et la physico-chimie, puis la biologie. — Renouvier rattache ensuite à la Critique ce que l'on nomme les sciences morales.

Sauf qu'il n'est plus question des intuitions de la sensibilité, et que tous les jugements ne sont plus synthétiques, comme nous l'avons expliqué dans une leçon antérieure, les sciences mathématiques sont, pour Renouvier aussi bien que pour Kant, entièrement *a priori* ; elles se présentent comme développements naturels des catégories de quantité. Pour ce qui est des sciences physiques, remarquons la distinction entre l'*histoire* et la *science théorique*, qui fait également le fond de la classification de Cournot, et se retrouve, systématiquement utilisée, chez M. Goblot.

*
* *

Une fois épuisé, avec cette classification des sciences, ce qui appartient au premier ordre de certitude, Renouvier va s'élever jusqu'aux probabilités morales, et aux postulats qui affirment, en même temps que la liberté, l'immortalité et la divinité. Il sent avant tout le besoin de compléter la définition de la certitude, qui, jusqu'ici, réduisait l'homme à lui-même. Au « contrat personnel », par lequel la personne humaine se met d'accord avec elle-même pour fixer sa croyance, Renouvier ajoute une sorte de « contrat social », qui règle l'accord des opinions sur un certain nombre de points importants. Ce n'est pas qu'il faille compter sur un consentement universel, tout à fait irréalisable, pas plus qu'il n'y a lieu d'attribuer une trop grande valeur à l'opinion de la majorité des hommes. Mais l'homme supporterait difficilement de s'en tenir à des jugements isolés, « même si la conscience dans laquelle il est enfermé lui parlait hautement, irrécusablement... Plusieurs, après qu'ils sont descendus en eux-mêmes, n'y trouvent que le désert ou le chaos, le silence ou mille voix confuses, et dans leur effroi, pressés de se fuir, se donnent au premier système qui passe. L'ombre de la certitude, une autorité extérieure leur tient lieu de conscience, et souvent ils pensent croire encore plutôt qu'ils ne croient. D'autres, mais plus rares, en se sondant avec énergie et persistance, ont fait jaillir les sources vives de la certitude. Leurs âmes sont d'abord pénétrées de joie ; mais, ensuite, elles se sentent malheureuses jusqu'à ce qu'elles aient communiqué leur bien aux autres âmes. Il n'y a plus de repos pour elles dans l'isolement ; il faut qu'une société se forme de toutes celles qui puisent aux mêmes eaux, il faut qu'une voix commune appelle à les partager toutes celles qui en sont altérées. Ainsi se fondent les philosophies et les religions, qui sont aussi des systèmes qui passent, mais qui règnent en passant, ordonnent des sociétés, établissent des traditions, préparent des abris aux consciences (1) ». L'homme s'adapte donc instinctivement au contrat social. En même temps, celui-ci conduit nécessairement à l'autorité, contre laquelle luttera la liberté individuelle, tendant à transformer sans cesse et à épurer les traditions. Mais, quoi qu'il en soit, il faut accepter, en fait, parmi les éléments de la certitude, et dans une mesure assurément variable, des motifs tirés d'une sorte de conscience collective.

La croyance, plus ou moins généralisée parmi les hommes, s'applique à des jugements sur lesquels la controverse restera toujours possible, et à propos desquels on ne peut parler que de probabilités morales. Renouvier examine ceux que Kant a nommés les postulats de la Raison pratique. Et, d'abord, il nous dit ce qui le sépare de Kant.

1° Celui-ci veut dépouiller la loi morale de tout élément d'expérience et de tout élément affectif, de façon à la placer dans l'abstraction et dans l'absolu.

2° La liberté à laquelle il nous conduit est également absolue et entièrement indépendante des phénomènes, qui sont eux-mêmes soumis à un nécessité sans restriction.

3° Pour obtenir par l'immortalité le souverain bien, c'est-à-dire l'accord du bonheur et de la vertu, il a cru devoir encore sortir du monde sensible et phénoménal, et tomber dans le miracle.

4° Il a cherché l'harmonie de la nature et de la moralité dans un Créateur, dont il fait une essence absolue, non an-

(1) T. III, p. 82.

thropomorphe, une essence intelligible dénuée de tout
rapport intelligible avec les phénomènes.

Renouvier posera les mêmes croyances, mais sans vouloir dépasser les lois connues et vérifiées du monde des
phénomènes autrement que par une induction naturelle.

En ce qui concerne d'abord l'immortalité des êtres individuels, il en trouve une première raison dans les fins de la
nature elle-même. L'étude des organismes vivants montre
la nature comme un système de moyens et de fins. C'est là
une vérité d'expérience, que ne contredit nullement la théorie
des *conditions d'existence*, et qui n'a rien à voir d'ailleurs
avec l'emploi vicieux des *causes finales* particulières dans les
théories physiques. Or, cette loi téléologiste de la nature
signifie, en termes communs, qu'il y a une *destinée des êtres
vivants*. Celle-ci semble avoir un terme ; mais, si nous avons
quelques raisons morales qui la légitiment, l'induction qui
nous ferait prolonger indéfiniment cette destinée présent-
t-elle quelque impossibilité ? Qu'on ne dise pas : *la nature
fait tout pour l'espèce* et sacrifie les individus. Une abstraction posée comme but à la loi téléologique ne suffit pas à
contenter la conscience humaine. « Ce progrès, chimérique
au fond, et qui ne profite à rien de réel, si ce n'est que la
réalité ne possède jamais qu'un moment de l'infinie durée ;
ce progrès qu'on fait luire à mes yeux, qu'on ose me pro-
mettre, comme s'il pouvait m'intéresser, est le produit d'une
hypocrisie que le panthéisme ancien ne connaissait pas.
Qu'importe que le mieux vienne, si le mieux doit périr comme
a péri le bien, pour faire place à un mieux supérieur qui
n'aura pas la vertu de durer davantage ? Consolerons-nous
Sisyphe en lui promettant de l'anéantir, ensuite de lui donner
des successeurs capables d'élever son rocher de plus en plus
haut sur la pente fatale ? Son rocher qui retombera toujours ?
Des successeurs qui s'anéantiront toujours et seront toujours
remplacés ? Mais la montagne est infinie ! Mais, dans cet
infini, le rocher s'élève ! Oui, le rocher retombe toujours. Ce

rocher, c'est la vie individuelle ; si haut qu'elle monte, tout n'est-il pas perdu, dès qu'elle redescend aussi bas que si elle n'eût jamais quitté son néant ? (1) »

Renouvier écarte les hypothèses courantes qui font vivre au delà de la mort des *âmes* séparées de tout organisme et de toute propriété extensive, comme s'il était prouvé que, par là, elles eussent plus de stabilité. Ce dont une induction naturelle pourra poser la prolongation, c'est la personne telle que nous la connaissons, c'est-à-dire inséparable d'un certain organisme, qui peut d'ailleurs être différent du premier, sans que l'expérience puisse nous renseigner sur la loi qui lierait l'organisme actuel à l'organisme futur. Les hypothèses ne manquent pas pour combler cette lacune. Citons, entre autres, l'hypothèse de la palingénésie cosmique, qui, ne nous éloigne pas beaucoup de ce que Renouvier écrira à la fin de sa vie, dans le *Personnalisme* : on suppose des mondes successifs, séparés par des intervalles quelconques, et reliés par une loi telle, que les personnes ayant vécu dans l'un reparaissent pour se continuer dans un autre...

Ce sont là des possibilités. C'est à la conscience d'affirmer sa croyance.

Or, elle trouve en elle d'abord une sorte d'instinct de permanence, d'immortalité ; et, puisque la nature a des fins, et que, dans les limites où nous pouvons l'observer, ces fins sont atteintes par les êtres vivants (conservation, reproduction...), c'est une induction légitime de croire ici le but atteint comme ailleurs.

Mais en outre, et surtout, la liberté une fois reconnue, et avec elle la réalité de la personne, la réalité de la loi morale, c'est-à-dire l'accord du bien moral et du bonheur, est à son tour postulée, et cet accord exige l'immortalité : il se fera, avec le temps, par la liberté.

Enfin, affirmer la réalité de la loi morale dans le monde

---

(1) *Psychologie*, t. III, p. 131.

c'est affirmer l'*existence de Dieu*. — D'ailleurs, la personne
de Dieu est nécessairement soumise aux lois générales de
toute connaissance et de toute existence. Les catégories valent
pour elle comme pour nous, et, d'autre part, elle est sous-
traite aux attributs infinis que la métaphysique appelait des
perfections et qui la détruisaient. Ainsi la personne divine
ne peut être conçue que sur le type de la personne humaine.
Elle a la vraie perfection, celle qui n'implique point contradiction, si haut qu'on la conçoive, la perfection de justice et
de bonté ; mais elle a commencé ; elle est finie dans l'espace,
et ne possède nullement la prescience de l'indéfinité des possibles. Et, enfin, nous n'avons aucun motif rationnel de tran-
cher pour le moment, dans un sens ou dans l'autre, la question de l'*unité* ou de la *pluralité de Dieu*.

⁎⁎

Le deuxième essai, après le premier, marque-t-il un moment nouveau de la pensée de Renouvier ? Je ne le crois pas.
La *Psychologie* est la suite, le complément naturel de la
Logique ; les deux ouvrages forment un ensemble philosophique, dont l'unité de doctrine et d'allure est saisissante.
Pour la doctrine, il est peu de points essentiels du second
essai qui ne se trouvent ébauchés ou tout au moins annon-
cés dans le premier. Et quant à l'attitude générale, qui veut
exclure le mystère, le métaphysique, la chimère inconnue ou
inconcevable, et entend se maintenir sur le terrain de la
seule connaissance possible ; on la retrouve, sauf peut-être
une exception sur laquelle nous reviendrons tout à l'heure.
jusque dans la partie de la *Psychologie* qui vise les problèmes de la vie future et de la divinité. Là même, en effet,
Renouvier fait effort pour se placer au point de vue de la
connaissance positive et scientifique ; il demande seulement
qu'on applique à certains faits connus l'induction naturelle
et normale dont use le savant. Il refuse absolument de se

réfugier dans le miracle ; l'anthropomorphisme qu'il apporte dans sa conception de la divinité, et sa représentation de la personne future, après la mort, sur le type unique que nous a révélé l'expérience, sont des conséquences directes de cette attitude. Ce qui surprend le plus dans les possibilités ou les probabilités de Renouvier s'y rattache tout naturellement. Voyez, par exemple, son hypothèse de la palingénésie cosmique. Nous avons peine à accepter ces intervalles plus ou moins longs, pendant lesquels la personne cesse d'exister pour renaître ensuite... Mais, aux yeux de Renouvier, le discontinu de la durée et de l'existence est, en vertu du principe du nombre, une loi primitive, à laquelle toutes choses réelles sont soumises. La vie actuelle d'une personne est une suite de moments séparés par des intervalles plus ou moins petits. Qu'importe que ces intervalles grandissent ? Son hypothèse n'altère donc pas les caractères fondamentaux sous lesquels est donnée l'existence présente.

Une fois cependant, et en dépit de ses efforts pour tenir à l'écart les vieilles chimères des métaphysiciens, Renouvier semble bien sortir de ce positivisme semi empirique, semi rationnel, où il a engagé sa pensée ; c'est à propos de la question fondamentale de la liberté. De quel ordre, en effet, est donc la réalité dont il poursuit si avidement la certitude ? C'est la réalité d'une *possibilité*, avant qu'elle passe à l'acte ; — c'est une réalité qui par sa nature échappe à toute expérience, et ne semble guère moins dépasser la représentation que le noumène ,lui-même. Si l'on veut encore, c'est la négation de la nécessité dans le domaine des faits ; mais cette nécessité elle-même n'est qu'un autre absolu, la réalité d'une impossibilité pour les choses, avant qu'elles soient, d'être autrement qu'elles ne seront. Renouvier a-t-il vraiment pu porter l'effort de sa philosophie sur le choix qu'elle allait faire entre ces deux réalités, sans entrer sur le terrain d'une métaphysique à laquelle il prétend s'opposer ?... Mes doutes à cet égard se trouvent renforcés par quelques impressions

que je vous communique. D'abord Renouvier revient sans
cesse sur ce problème de la liberté, et chaque retour, souvent
inattendu, donne le sentiment qu'à ses yeux tous les arguments déjà accumulés ne suffisaient pas encore. « On ne
démontre pas la liberté, dit-il, dans ses derniers entretiens
à son ami M. Prat ; *experto crede Roberto.* » — Et puis,
n'y a-t-il pas quelque flottement dans l'idée même qu'il se
fait de la liberté ? Quand il raconte l'histoire de sa pensée (1),
il rattache clairement son affirmation de la liberté à sa décou-
verte de la loi du nombre, qui lui fait paraître naturel un
commencement absolu ; et, dans le deuxième essai, il lui
arrive plusieurs fois d'opposer le fait de la liberté aux contradictions auxquelles se heurte le système de la nécessité.
Lorsque Renouvier parle ainsi, il a donc en vue le pouvoir de
la volonté de poser le terme d'une série nouvelle, sans rapport
à aucun antécédent, comme a été le commencement du
monde. Or cette conception diffère de celle qui rattache la
volition à la personne humaine, au point de donner un sens
à cette affirmation de Renouvier : les actes libres ont une
cause, qui est l'homme dans la plénitude de ses fonctions ;
elle diffère de celle qui s'oppose avec tant d'insistance à la
liberté d'indifférence. Du moins, c'est là mon impression, et
je serais tenté d'en trouver une justification dans ce fait,
peu ordinaire chez Renouvier, que la loi du nombre, et les
contradictions qu'elle dénonce dans le système de la nécessité et de la chaîne totale et continue des choses, à certains
moments, ne pèsent pas lourd dans la balance ; lorsqu'on
récapitule tous les arguments en faveur de la liberté (*Psych.*
t. III), il n'en est même plus question. Cette conception n'est
pas la seule qui apparaisse pour disparaître ensuite dans
les analyses qui remplissent la *Psychologie.* Si on lit atten-
tivement le chapitre relatif au vertige mental, ne sent-on pas
que la volonté libre est le pouvoir d'épurer nos affirmations

(1) Comme dans tous les écrits ultérieurs.

des éléments qui les éloignent du vrai et du bien ? En d'autres termes, la volonté se confondrait avec le pouvoir de guider notre entendement dans la voie de la vérité et de la moralité, par la lutte contre les préjugés, les superstitions, les jugements de parti pris, etc... Qu'on ne dise pas, à propos de la démence, qu'il y a *direction vicieuse* de la volonté, écrirait Renouvier, mais bien *insuffisance* de volonté. Il suffirait que la volonté fût plus intense pour provoquer une réflexion qui conduirait aux jugements droits. — Ailleurs (1) : « On ne nie pas, dit-il, la préférence donnée au mal sur le bien dans un grand nombre de cas, mais on rend compte des cas compris dans cette formule vulgaire par le vertige mental... Ce n'est donc pas l'usage de la liberté, c'est plutôt son défaut d'intervention, ou durable ou dans un moment donné, qui amène le vertige mental. » Cette conception de la liberté comme du pouvoir de nous guider vers les fins de vérité et de moralité, par certains moyens (suspension de la représentation, réflexion, attention...), ne saurait se confondre avec le pouvoir indéterminé et sans direction fixe que doit être la liberté, pour que se comprenne « l'ambiguïté des futurs » et aussi pour que gardent toute leur valeur les arguments d'après lesquels, ôtée cette indétermination, les fins morales elles-mêmes, le bien et le vrai, n'auraient plus aucune signification.

Bref, je ne sais s'il n'y a pas quelque inconséquence dans l'ardeur de Renouvier à poursuivre, à la suite de J. Lequier, un problème qui l'emporte au delà du terrain scientifique et humain où il avait pris jusque-là nettement position. On dira que cette inconséquence va donner, en tout cas, le fondement de toute sa philosophie morale, qui pour beaucoup est la partie la plus importante de l'œuvre de Renouvier. Soit ! Mais, d'abord, c'est une question de savoir s'il n'eût pu prendre à l'égard de la liberté la même attitude qu'à l'égard

(1) T. II, p. 74.

de la substance, et faire reposer pratiquement ses conceptions morales et sociales sur les faits qui composent la vie de
l'homme, y compris la volonté, l'énergie, le sentiment de la
responsabilité... Et, par la façon même dont il nous présen-
tera la science de la morale, Renouvier lui-même nous four-
nira ici un argument. Et, enfin, si, comme beaucoup d'autres
métaphysiciens, il a senti le besoin de franchir les limites
du connaissable et de l'expérience, nous nous bornerons à
dire que le reproche qu'il adresse particulièrement à Kant de
faire appel au mystère, au miracle, à l'absolu, perd alors
beaucoup de sa force et de sa valeur.

*
* *

Cela, d'ailleurs, n'est point pour diminuer l'intérêt profond du deuxième essai, qui me semble surtout résider —
quelle que soit l'attitude qu'on prenne à l'égard du problème
métaphysique de la liberté — dans l'analyse de la volonté,
du vertige mental et de la certitude. Ce qui est caractéristique
dans ces études, c'est l'énergie totale de l'homme faisant la
valeur de son jugement et faisant sa certitude, non point par
la décision de s'abandonner et de fermer les yeux à une
lumière qui n'est jamais suffisante, mais bien au contraire
par la possession de soi-même, par l'attention, par la réflexion, par l'esprit critique, par toutes les sources d'énergie
dont on dispose. C'est dans ce sens, et dans ce sens seulement, qu'une affirmation devient un acte, entraînant notre
responsabilité.

Renouvier a-t-il pu apprécier toute l'influence de ces idées
sur notre état d'esprit d'aujourd'hui, ou, tout au moins, leur
accord avec nos tendances actuelles à vouloir dépasser un
intellectualisme par trop simpliste ? Je n'ose l'affirmer, et la
raison en est bien claire : c'est que, dans la voie même où il
s'est engagé et où vont aussi quelques-uns d'entre nous, nous
l'avons dépassé.

Nous avons su douter, comme nous le demandait le maître, et il nous a paru bien difficile, — sans parler de ce qui est donné comme probabilités morales, — d'accepter le dogmatisme tranquille avec lequel il range dans les thèses incontestées de réalité une foule de vérités qui découlent pour lui des catégories, soit analytiquement, soit par des synthèses nécessaires. Tels sont les énoncés des sciences mathématiques, qu'il classe toutes parmi les sciences logiques. Kant admettait que l'intuition *a priori* de l'espace comprenait implicitement tous les jugements que le géomètre n'a plus qu'à lire dans cette intuition. La nature propre de l'intuition disparaît pour Renouvier, et pourtant la matière qui enveloppera la catégorie d'espace est aussi inséparable de la forme que pour Kant. Il en est de même des autres catégories de quantité, nombre, succession, etc. Mais l'auteur de la *Critique de la Raison pure* était au moins parti de l'impression de clarté, d'évidence et de nécessité, qui accompagne les sciences théoriques, sans se demander quelle était la valeur de cette impression. Renouvier nous a suffisamment mis en garde contre les illusions de l'évidence et a trop insisté sur les éléments passionnels et volontaires de la certitude, pour que nous ne lui demandions pas compte, à lui, de cette nécessité.

—Et, d'ailleurs, ne dit-il pas lui-même que la nécessité des jugements auxquels nous donnons ce caractère n'est pas de nature intellectuelle, mais bien plutôt de nature passionnelle ? Ces jugements, d'après lui, nous permettent de mettre de l'ordre dans le monde et de faire la science ; nous en avons besoin, si nous voulons croire à la connaissance possible des choses. On ne saurait mieux marquer la valeur pratique des principes et des postulats des sciences rationnelles ; mais comment ne pas y reconnaître, en même temps, le *choix le meilleur* que fait l'esprit dans ses constructions, le plus simple, le plus commode, le plus conforme à tous ses besoins, — au lieu de cette sorte d'apodictique et d'absolu que laisse subsister Renouvier, au point de renfermer toute la matière de ces constructions dans les formes elles-mêmes, dans les lois générales de la pensée, dans les conditions irréductibles de la connaissance ?

S'il eût ouvert les yeux sur ces conséquences naturelles de sa propre théorie de la certitude, il eût été aussi amené à contrôler le genre de nécessité qu'implique sa loi du nombre. et ce serait une grande erreur qui ne ferait plus ombre sur sa philosophie. Mais tout cela ne pouvait guère se produire. parce que Renouvier a le tempérament d'un dogmatique, et que son doute méthodique, comme celui de tous les dogmatiques, a pour principal effet chez lui d'assurer davantage la sérénité de toutes ses affirmations.

Aussi bien, et c'est la dernière remarque que je veux vous soumettre, il est conforme à sa propre théorie que quelque chose de trop individuel se trouve dans sa certitude, et n'est-ce pas là, en dépit du « Contrat social », une faiblesse de cette théorie ? Renouvier n'apporte pas assez, me semble-t-il, le souci de ce qu'il doit y avoir de *normal*, du point de vue humain, dans toutes les démarches, qu'il a si complètement analysées et par lesquelles nous faisons notre certitude. La multiplicité des éléments qui interviennent ne s'oppose pas à la conception d'un état d'équilibre mental difficile à définir, sans doute, mais tel que les éléments passionnels et volontaires aux-mêmes défieraient le plus possible l'accusation de vertige, et qui contienne au moins en puissance l'accord de toutes les âmes également équilibrées.

Renouvier l'a senti par moments, mais n'en a peut-être pas assez tenu compte, et a abouti à une certitude dont on voudrait voir l'objectivité mieux justifiées.

TROISIÈME ET QUATRIÈME ESSAI DE CRITIQUE GÉNÉRALE

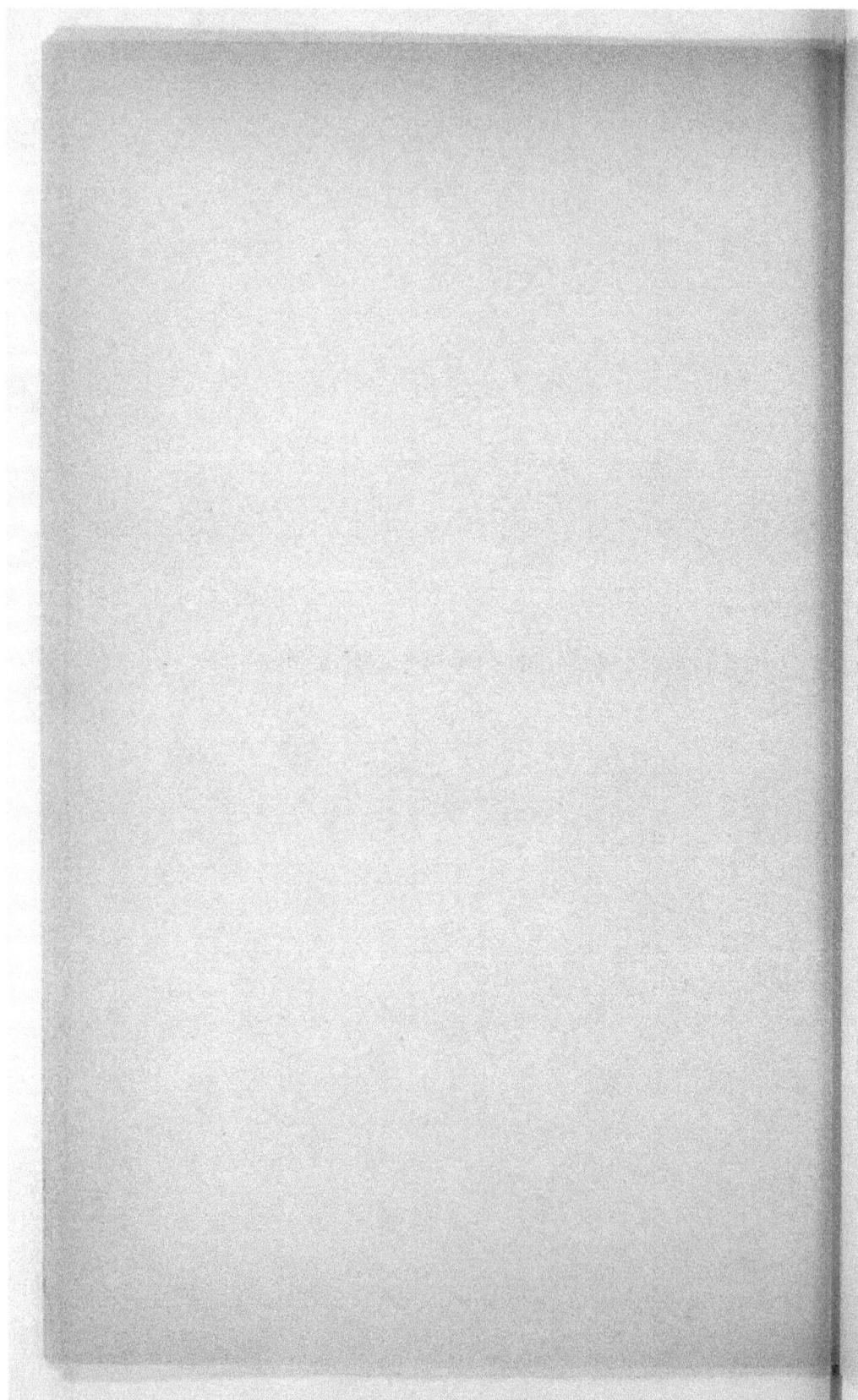

Troisième et Quatrième Essai de Critique Générale

I

Le troisième *Essai de critique générale* (1) est consacré à l'étude de la nature. Comment devons-nous concevoir l'être dans la nature, sous son aspect le plus général ? Que nous apprennent les sciences sur l'essence et l'origine des êtres des différents ordres ? Quelle est la valeur des thèses cosmogonique et évolutionniste ? — Tels sont les problèmes que se pose Renouvier.

Quelle est l'idée la plus générale sous laquelle il soit possible de réunir tous les êtres individuels ? Trois réponses sont offertes. Puisqu'un être est un ensemble de phénomènes donné dans quelque représentation, et puisque celle-ci distingue et réunit le représentatif et le représenté, il faut que l'un ou l'autre de ces éléments, ou tous deux entrent dans l'idée générale que nous nous formons d'un être quelconque.

Ou bien donc on ne conserve que le représenté et l'on élimine tous les caractères représentatifs : c'est la doctrine du réalisme matériel.

Ou bien les représentés n'ont aucune réalité et seule l'aptitude représentative est accordée à l'être : c'est la doctrine de l'idéalisme pur.

Ou, enfin, tout être réunit les deux éléments de la représentation et existe à titre de représentation pour soi : c'est la

(1) 1ʳᵉ édition, 1864 ; 2ᵉ édition, 1892. Il ne sera question, pour le moment, que de la 1ʳᵉ édition.

doctrine de la réalité complète, seule compatible avec les principes posés dans les deux premiers Essais.

« Il n'y a donc qu'une notion possible de l'être individuel posé dans la nature, pour soi et en général : c'est la notion générale de la représentation pour soi. »

La théorie de la nature devient une monadologie ; et Renouvier, qui peut-être ne s'en est jamais détourné, revient clairement, en tous cas, à cette conception leibnitienne, qui l'avait déjà séduit dans sa jeunesse. Sans doute, il en écarte aujourd'hui la substance et en règle toutes les propriétés d'après les exigences de sa table de catégories. Mais, s'il est ainsi conduit à restituer aux monades les propriétés spatiales que ne leur accordait pas Leibniz, il est d'autre part amené à leur donner pour caractères essentiels, la *force*, l'*appétit*, la *perception*, comme disait Leibniz lui-même. En outre, comme soumises à la causalité, et présentant toutes sortes de relations établies dans le temps entre les phénomènes mécaniques, physiques, organiques, représentatifs, tantôt dans un sens, tantôt dans un autre, — relations qui se ramènent à l'unité avec ce seul mot : la *force*, — les monades nous offrent une harmonie, que nous acceptons au titre de fait universel et irréductible, et qui ne diffère de celle de Leibniz qu'en ce qu'elle n'est pas préétablie (1). Cette harmonie est l'un des aspects et l'un des noms de l'ordre du monde, inséparable du monde.

De cette harmonie totale nous pouvons considérer à part, et avant toute expérience, les rapports qui se déterminent sous les lois de la quantité et de la position. Les problèmes qui se posent sont alors ceux du vide, des atomes, du continu.

Si l'on voulait voir dans l'atome une sorte de substrat des phénomènes physiques, fait d'étendue concrétée, et, dans le vide, un être d'étendue pure, nous devrions rejeter l'un et l'autre pour éviter l'infini réalisé. C'est autrement que nous

(1) Renouvier changera d'avis sur ce point.

les concevrons pour les affirmer. Nous nous représentons les actions des êtres s'exerçant en certaines circonscriptions limitées, en certains lieux assignables, et non en d'autres, — et, de plus, nous concevons que, parmi ces lieux circonscrits à trois dimensions, et tels qu'un espace quelconque en contient toujours nécessairement un nombre fini, il en est où ne s'exerce aucune action, qui ne servent, au moins actuellement, à la détermination locale d'aucun phénomène : ce sont pour Renouvier les lieux *vides*. Si nous faisons abstraction de ces derniers, il reste les pleins. Nous pouvons bien continuer à appeler atomes les êtres qui les occupent, à la condition que cette occupation soit dans le fait de s'entourer de sphères d'action dans l'espace, de développer des perceptions et des appétitions dans un rayon déterminé, — comme cela est supposé, par exemple, dans les fonctions atomiques, attractions et répulsions, que Boscovitch introduisit dans la science après Newton, les rapportant aux atomes comme à des points mathématiques.

On a souvent rattaché l'existence du vide à la nécessité d'affirmer le mouvement. Descartes a cependant répondu en montrant que le plein n'oblige qu'à changer la nature du mouvement, et de *propagé* qu'il était, à le rendre *solidaire*. Mais cette solidarité de toutes les séries de masses qui entrent dans un système universel, exclut l'initiative motrice des êtres individuels, et implique la nécessité de toutes les modifications du système à un moment quelconque. Ainsi précisé, le vieil argument des atomistes contre le plein reprend toute sa force.

Renouvier, par sa conception du vide et de l'atome, rejette le continu de l'espace : on devine qu'il rejettera de même le continu de la durée des phénomènes, et se le représentera sous une suite d'actions élémentaires instantanées. Les intervalles élémentaires qui limitent ces actions sont extrêmement petits, près de ceux que nous observons ; de même que sont extrêmement petits les intervalles qui séparent, dans l'espace, deux points où siègent les forces locales. Et c'est ce qui fait que le calcul de l'indéfini s'adapte si bien aux problèmes de composition et décomposition élémentaires. Mais il ne faut pas s'y méprendre : le continu est une illusion des sens.

Ce qui se dégage de la vue générale du fond de la nature, c'est pour Renouvier la grande loi du discontinu, de l'*intermittence*. Elle s'applique non seulement aux phénomènes élémentaires dont il vient d'être question, mais encore « aux forces les plus élevées, aux moments de la représentation humaine comme à ceux des fonctions organiques et de tous les faits composants de l'ordre du monde... Le monde est une pulsation immense composée d'un nombre inassignable, quoique à chaque instant déterminé, de pulsations élémentaires de divers ordres, dont l'harmonie plus ou moins étroite ou compréhensive, plus ou moins aveugle ou clairvoyante, établie et développée en une multitude de degrés ou de genres, s'accomplit par la naissance des êtres autonomes, dans lesquels elle tend à devenir, de purement spontanée qu'elle était, volontaire et libre (1). »

Ces réflexions générales ont ensuite l'occasion de s'appliquer dans l'étude que fait Renouvier des phénomènes physiques, chimiques, biologiques, représentatifs ; — puis dans l'examen critique auquel il soumet les hypothèses cosmogoniques et les théories de Lamarck et de Darwin sur la transformation des espèces. De toutes ces études il dégage, outre la première loi d'*intermittence*, une autre grande loi qui régit les évolutions naturelles, à savoir la finalité.

*
* *

Deux choses sont surtout à noter dans ce troisième *Essai :* la monadologie, — la loi d'intermittence de la nature. Ni l'une ni l'autre ne nous surprennent beaucoup. Par la monadologie, Renouvier reste fidèle à cette philosophie de l'esprit,

(1) *3ᵉ Essai*, page 43.

dont il a puisé le germe dans le *Cogito* de Descartes, et qui, déjà en 1842, le conduisait avec quelques réserves aux monades leibnitiennes. La disparition de la substance ne l'empêche pas de rester, avec la représentation, au cœur même du *Cogito*, et d'en tirer comme une conséquence naturelle la notion la plus générale de l'existence. Quant à l'harmonie des monades, posée comme un fait universel pour expliquer les relations et les lois, elle n'a jamais cessé, depuis la première édition de la logique, c'est-à-dire aussitôt que le phénoménisme a été consciemment affirmé, de traduire l'idée que Renouvier se faisait de la causalité.

Quant à la loi d'intermittence et à la grande pulsation qu'est le monde, ce sont d'abord, théoriquement et *a priori*, des conséquences de la loi du nombre, qui par là sont soumises aux critiques que nous avons adressées à cette loi. Ce sont aussi, sans doute, des postulats dont Renouvier trouve une vérification dans les sciences de la nature. Cela est intéressant dans la mesure ou l'on pourrait dire qu'en les énonçant on met en relief les tendances des conceptions scientifiques à s'imprégner d'atomisme et de discontinuité ; mais à la condition de ne pas dépasser cette attitude, et de ne pas rejeter de la science les tendances contraires.

II

Le quatrième *Essai* (1) nous ramène à l'homme. Les deux premiers ont épuisé le problème logique, psychologique, abstrait. C'est maintenant à l'histoire qu'il faut demander les informations complémentaires indispensables à la science. Mais cette histoire ne doit pas être faite *a priori*, de parti pris ; elle doit se passer d'hypothèse cosmique, ou théologique, ou physiologique ; elle doit être analytique. Et c'est sous le titre d'*Introduction à la philosophie analytique de l'histoire* que se présente le *quatrième Essai*.

(1) 1re édition, 1864 ; 2e édition, 1896.

Renouvier y traite d'abord des origines morales de l'homme, puis expose les antiques diversités ethniques, linguistiques, morales, religieuses, d'un certain nombre de familles.

Le problème des origines morales de l'humanité l'amène d'abord à discuter les thèses de Kant sur ce sujet. Il lui reproche 1° d'avoir vu une *chute* pour l'homme dans le passage de l'état primitif d'instinct et d'innocence à l'état de raison et de moralité, — quand, d'ailleurs, il voyait là, en même temps, un progrès pour l'espèce ; 2° et surtout de n'avoir pas su expliquer l'origine du mal autrement qu'en dotant l'homme d'un penchant au mal, après qu'il lui avait accordé une disposition originaire au bien ; 3° d'avoir méconnu, pour expliquer la transmission du mal, ce que Renouvier appelle la *solidarité sociale*, c'est-à-dire « le lien résultant de l'ensemble de ces mobiles d'un acte libre qui se rattachent aux actes antérieurs répétés et habituels dans une société donnée, et aux maximes autorisées, et aux institutions et coutumes dont l'expérience et la répétition même sont les sources (1). » Les erreurs de Kant s'expliquent par ce fait qu'il ne reconnaît pas d'autre mobile à la liberté, considérée dans ce qu'il croit son essence, que la loi morale impérative.

Après un très bref historique sur cette question de l'origine du mal, — historique qui va de Descartes à Fichte, — Renouvier nous présente sa solution. Il prend la personne humaine tout entière, avec des passions ou affections, des concepts, sa volonté, et nous la montre, à l'état primitif, usant déjà instinctivement d'une loi morale, qui est presque confondue avec l'ordre passionnel. L'homme est alors innocent, ni bon ni méchant : le vrai bien et le vrai mal ne se produiront que par l'exercice de sa liberté. Les vertus et les vices qui intéressent le plus spécialement l'agent lui-même, — la prudence, la tempérance, la force ou le courage, et les vices contraires, — ont leur origine dans le conflit des passions,

(1) 1re édition, p. 33.

qui naît lui-même de la pluralité des fins que l'homme se propose en vertu de sa nature. L'homme devient de plus en plus raisonnable, selon qu'il connaît et limite par des conditions de temps et classe par ordre d'importance et de valeur les biens qui l'attirent.

D'autre part, un fond naturel de bienveillance et de sympathie pour les autres hommes, c'est-à-dire une disposition à se reconnaître en communauté de biens et de maux avec eux, se trouve en antagonisme avec le souci du bien personnel immédiatement sensible, ce qui est l'origine de phénomènes moraux d'un nouveau genre. Ceux-ci ne s'établissent pas dans la conscience aussi simplement que nous paraissons croire. Les services mutuels, qu'une bienveillance spontanée et gratuite fait naître, tendent à devenir obligatoires. Chacun attend d'autrui ce qu'il est ou se croit disposé à lui faire dans un cas semblable, et ainsi se trouvent introduites « des notions de réciprocité et d'égalité, qui changent du tout au tout la nature des premiers sentiments que nous supposions. L'une des idées originales de l'homme s'est témoignée clairement à la conscience, aussi éclatante, aussi impérieuse dès l'abord qu'elle pourra jamais l'être. Cette idée est la justice (1) ».

Il est facile de comprendre, alors, comment ont pu naître les mauvais sentiments, la haine, l'injustice. Il a suffi qu'il y eût désaccord entre ce qu'un homme recevait d'autrui et ce qu'il se croyait en droit d'attendre de lui, pour qu'il fût jeté dans un état moral pénible et sujet aux plus fortes tentations. Dans cet état, et surtout sous l'influence de l'habitude, il devenait sujet aux illusions qui déforment en sens contraire ce que lui doivent les autres et ce qu'il leur doit, ainsi qu'aux sophismes de *justification* de toutes sortes d'actes, qui, en réalité, ne sont inspirés que par certaines passions. Et ainsi le mal prenait naissance et progressait, — pouvant ensuite recevoir la plus grande extension par la loi de la solidarité

(1) Introduction, 1re édition, p. 63

humaine. La solidarité se montre d'abord dans la communication des penchants, des vertus et des vices, par voie d'imitation dans une même famille ; puis elle agit entre des familles différentes. D'autre part, les actes répétés deviennent chez un individu des habitudes, et celles-ci, prenant une valeur sociale, deviennent des usages et des coutumes, bientôt consacrés par des lois, qui ne tardent pas elles-mêmes à apparaître comme indiscutables et naturelles. Et ainsi, par l'habitude et la loi de solidarité, les premières aberrations de la conscience individuelle s'étendent et se généralisent dans des masses humaines. Selon le degré de déchéance où s'arrête, à certains moments, chacune des grandes familles, les pensées et les sentiments collectifs, les actes coutumiers, constituent une *race éthique*, dont le caractère domine toutes les influences physiques et naturelles (climat, race proprement dite, etc.). Les divers groupements présentent d'ailleurs des caractères très différents. — Partout se conclut entre les individus d'une même société une sorte de contrat tacite, qui se traduit dans le droit positif. Au-dessus de ce droit et de toutes les conventions qu'il consacre provisoirement, subsiste et se développe la notion d'une injustice universelle. Et les évolutions sociales ne sont autre chose que des phénomènes de balancement en sens divers entre cette justice universelle telle qu'elle est sentie à un moment donné, et la sphère des obligations auxquelles on attribue une valeur positive dans le même temps.

Ici se trouve, en quelques pages saisissantes, comme un exposé général de toutes les révolutions qui ont voulu substituer quelque chose du droit idéal au droit positif. Ecoutez ces réflexions, et, pour en sentir toute la justesse, pensez, par exemple, aux efforts actuels du peuple russe contre le régime traditionnel qu'a consacré l'autocratie des tsars : « Depuis l'origine des délibérations de l'humanité sur les lois qu'il lui convient de s'imposer, un antagonisme n'a cessé d'exister entre les partisans d'un minimum de moralité, réglé par la coutume actuelle, et le nombre plus restreint des justes, qui, poussés par la passion du bien, instruits par la culture de la raison, prétendent aller au mieux en toutes choses. Les moyens termes sont tenus dans le débat par la multitude des opinions... Mais la foule elle-même, à de longs intervalles, en vient à s'accorder dans un idéal, c'est-à-dire à concevoir un ordre préférable à l'ordre établi, et auquel il ne manquerait, pour s'y substituer, que telles ou telles sanctions selon l'esprit des temps. Bientôt les intérêts avertis travaillent en tout sens, les passions s'animent, l'intelligence combine les projets, puis des désordres éclatent, auxquels il faut porter remède, et de deux choses l'une : ou l'autorité traditionnelle, exaltée par la crainte et par la lutte, reste victorieuse, un grand déploiement de violence rejette la société en arrière ; ou des progrès s'accomplissent non sans compromis, phases et retours divers, même dans les révolutions les plus radicales, non sans violence encore et sans de déplorables horreurs, mais enfin pour le bien des générations futures et surtout pour la satisfaction de l'immuable justice. C'est celle-ci qui, toujours présente à l'esprit humain, entre progressivement dans les faits, à mesure que le mal démasqué recule devant elle. C'est l'idée qui, de mieux en mieux analysée, plus exactement suivie en ses applications, passe dans la réalité, et parvient à faire caractériser comme droits et devoirs positifs, reconnus en convention ou cénacle, définis légalement ou religieusement, et, dès lors, strictement obligatoires, des rapports sociaux auparavant renfermés dans une sphère plus haute du bien et de la pensée, où les mieux inspirés savaient seuls et très difficilement les atteindre, encore moins s'y conformer (1). »

Parfois, dans les sociétés livrées à la force et au mensonge, parvenues au dernier degré de l'abaissement, les hom-

_____

(1) 1ʳᵉ éditoin, p. 109.

mes désespèrent de la justice ; c'est alors par le cœur et non par la raison que la moralité renaît.

On réagit par une sorte d'abnégation de son activité, par le don de soi, par le sacrifice ; et certaines créations religieuses sont sorties de ces dispositions des âmes les plus pures dans une société corrompue. — Mais nous touchons ici, à propos de l'amour et de la justice, à l'un des problèmes sur lesquels reviendra le plus souvent Renouvier, offrant en somme, par l'attitude qu'il y prend, l'un des caractères les plus essentiels de ses conceptions morales, politiques et sociales. Il convient donc d'insister.

A ceux qui voudraient trouver l'explication du premier mal dans un manquement à la loi d'amour, Renouvier répond que cela n'a aucun sens, qu'il ne saurait y avoir de loi d'amour, et qu'une passion ne saurait, en aucune manière, impliquer un principe, au nom duquel elle serait appelée à dominer les autres passions. Il ne sépare certes pas la justice de tout fondement passionnel : c'est bien à ses yeux l'amour qui, nous faisant voir des *semblables* dans les autres, autorise la formation même de l'idée de justice. Mais c'est par l'idée de justice que l'amour exige le retour, qu'il se règle et se limite réciproquement, et que se dégage l'idée du droit. D'une manière générale, d'ailleurs, Renouvier marque l'opposition de l'amour et de la justice en quelques propositions fermes telles que celles-ci :

« La justice, chez l'homme juste, place avant toutes choses morales... le respect de soi, la dignité de la propre personne. Au contraire, l'homme d'amour s'abaisse et s'humilie au besoin, se fait esclave.

« Le juste est véridique, embrasse le vrai ou le poursuit à tout prix. L'homme de l'amour veut souvent être trompé ; il consent aisément à tromper lui-même.

« L'homme de l'amour est homme de passion, car l'amour est une passion, si purs d'ailleurs et si désintéressés que soient les mobiles ; il est donc par lui-même sans règle certaine ; tout lui est exception et cas particuliers ; s'il ne nie point les lois rationnelles de la conduite, il est du moins disposé à les faire fléchir en mille occasions ; ainsi le mal se transfigure en bien à ses yeux ; il vole pour donner, il ment pour être utile ou agréable à ses dupes. Il peut même en venir à faire du crime une vertu politique, pour peu qu'il y ait prétexte de salut public, et c'est encore lui qui, dans une sphère plus humble, élève le mensonge habituel au rang de vertu privée, sous le nom de politesse. Mais l'homme de justice subordonne la passion à la raison et les circonstances à la règle, ce qui doit sembler triste, si son cœur est froid, mais ce qui paraîtra sublime, si lui aussi il aime... » (1).

Les institutions et les mœurs diverses se sont formées pour le bien ou le mal de l'humanité, selon qu'ont prédominé tour à tour dans les nations ces deux grandes forces sociales: d'un côté la justice et le droit, de l'autre l'esprit de domination avec l'amour ; le plus souvent, d'ailleurs, avec ce mélange inextricable qui met chez l'homme les vertus et les vices en dépendance mutuelle. Les prétendues philosophies de l'histoire que nous ont données les théologiens ou les penseurs, tels que Kant, Hegel, Saint-Simon, Auguste Comte, Fourier, soit par la simplicité artificielle à laquelle elles ramènent le développement de l'humanité, soit par la loi nécessaire que, sous une forme ou sous une autre, elles prescrivent à ce développement, sont pour Renouvier entachées d'erreur. Il reprend à sa façon, n'empruntant ses documents qu'aux données de la critique historique, le récit des croyances et de la vie religieuse des races primitives (race noire, tribus américaines, Chine, Egypte, Aryens, Hébreux, Sémites). Enfin, il dégage de ses études ces conclusions fort importantes sur lesquelles il reviendra incessamment dans tous ses écrits :

1° Il y a une morale distincte de l'histoire et dont celle-ci est fonction. Jamais, en effet, un idéal ne cessa de s'opposer

(1) *4ᵉ Essai*, 1ʳᵉ édition, p. 119.

au réel dans la conscience de l'homme, ni à l'origine quand le mal n'existait pas encore en fait, ni plus tard quand il fut né et accru par l'habitude individuelle et sociale, par la solidarité. Mais, d'autre part, la morale à son tour est une fonction de l'histoire ; car c'est l'homme de l'expérience dont la moralité corrompue fait les lois injustes, les religions menteuses, les sociétés perverses, et qui tantôt les juge et les condamne, mais tantôt aussi n'y trouve rien à reprendre, en vertu de principes qui lui viennent de la solidarité et du passé.

2° Rien n'est plus faux et en même temps plus propre à nous affaiblir, à nous énerver, et à démoraliser l'histoire, que la loi du progrès nécessaire guidant depuis ses origines l'évolution de l'humanité, en dehors des efforts de notre liberté. Renouvier acceptera, après de patientes études historiques, qu'on parle de progrès pour qualifier le développement de la civilisation européenne, qui s'est trouvée hériter des conquêtes morales et des travaux de plusieurs grandes races, diversement douées et diversement méritantes. Mais il rejette avec la plus grande énergie toute idée d'un progrès continu et fatal, soit qu'on y tienne aucun compte de la liberté, soit qu'on accepte ses fluctuations, mais pour déclarer que toutes les déviations de la voie du bien se détruisent mutuellement. Cette dernière explication psychologique du progrès, quoiqu'elle ne sacrifie pas la liberté, heurte de front la théorie, qu'a exposée Renouvier, de la formation du développement et de la généralisation du mal par les lois de l'habitude et de la solidarité. Là où l'homme est sorti de l'état de déchéance où il était parvenu, ce n'a pu être que par une restauration de sa nature normale, due surtout « à l'empire de la réflexion, et au développement de la volonté libre en face de la conscience sans voile. »

Ce quatrième *Essai* sert d'introduction à la fois à la *Science de la morale*, dont je parlerai dans la prochaine leçon, et à *la Philosophie analytique de l'histoire*, qui paraîtra beaucoup plus tard. il contient toutes les idées essentielles que ces travaux ultérieurs n'auront plus qu'à développer, et c'est pourquoi il est à la fois fort important, et fort malaisé à résumer. Mais, en même temps, il est d'une lecture facile et attachante, et le mieux que je puisse faire après cette analyse trop brève, est de vous y renvoyer.

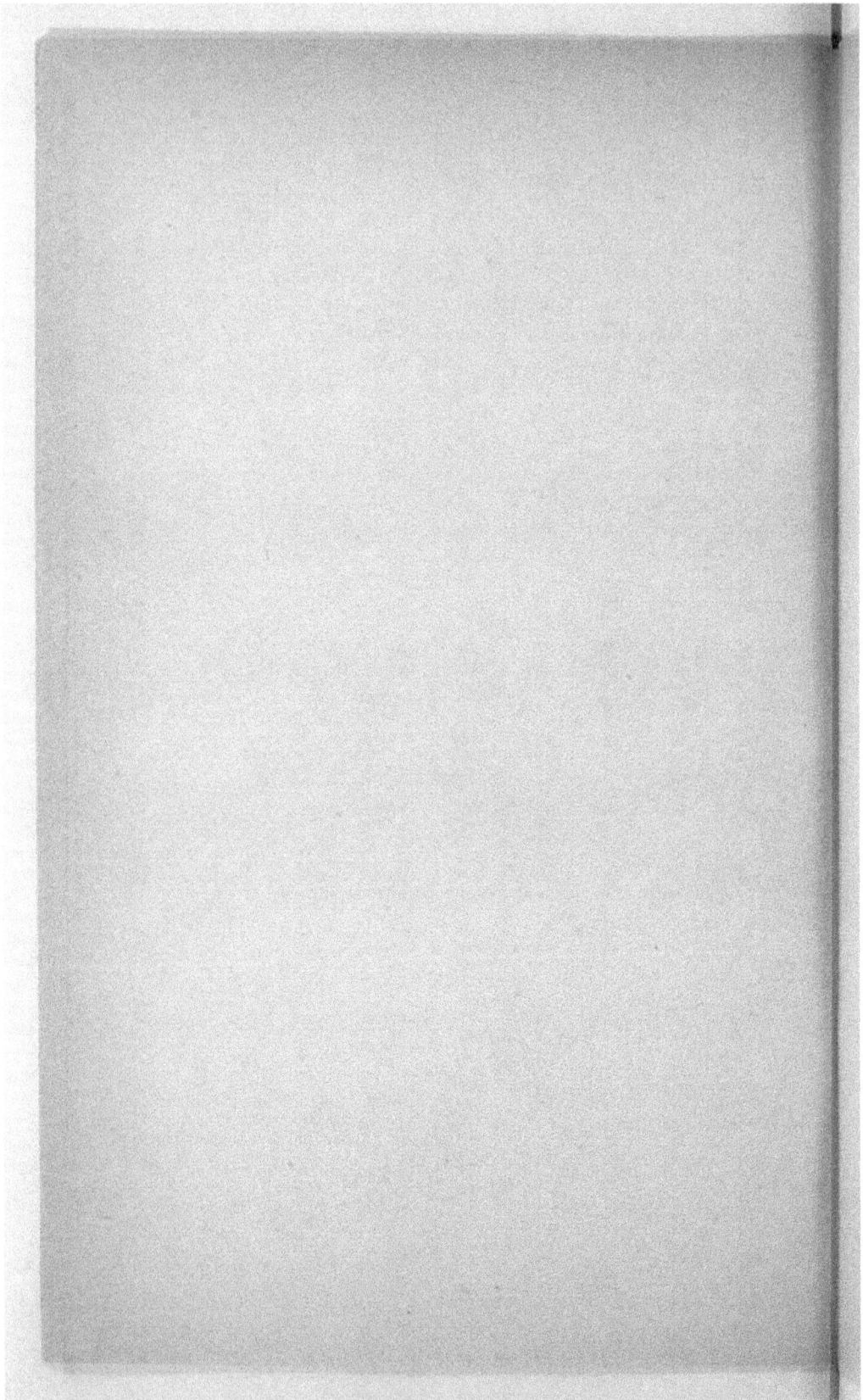

LA SCIENCE DE LA MORALE

LA SCIENCE DE LA MORALE

J'ai déjà fait allusion, dans ma première leçon, aux préoccupations morales, politiques et sociales de Renouvier avant 1850, et j'ai cité le *Manuel républicain de l'homme et du citoyen*. C'est ce livre, vous vous le rappelez, qui causa, le 5 juillet 1848, la chute du ministère Carnot. Il faut lire, dans la nouvelle édition que vient d'en publier M. Thomas, le compte rendu de cette séance mémorable, et la réponse, toute vibrante d'indignation, que Renouvier adressa à la majorité de ce jour. (Préface de l'auteur à la deuxième édition.) — « N'est-ce pas vivre de l'homme, leur crie-t-il, que vivre de ce qui est toute sa vie, de ce sans quoi il manque de substance, n'engendre plus, s'étiole et meurt avec sa race ?... Hommes d'Etat, qui vous efforcez de nous gouverner, si vous croyez en l'aveugle fatalité, si la force est votre dieu, le hasard votre loi, si l'homme vous semble fait pour suivre la morale de la baleine et du lion, l'état de la société doit vous sembler légitime autant que naturel. Mais, alors, cessez de nous vanter votre civilisation : ce n'est qu'un habit pailleté qui recouvre la pourriture. Cachez-nous bien aussi ce grand mot de *République*, puisque tout ici-bas sera toujours pour quelques-uns !... Ne me parlez plus de fraternité, de charité : je vous répondrais : mensonge, hypocrisie ! Ne me dites pas non plus que la liberté est bonne et qu'elle veut ces choses. Oui, la liberté est divine, mais non point la liberté seule, sans le cœur, sans la raison, sans l'ordre. Votre liberté pure est une idole que je nomme anarchie, et cette idole se nourrit de sang humain... »

Mais revenons au *Manuel* lui-même que Renouvier avait rédigé quelques mois auparavant, dans toute l'illusion de ses espérances. Si l'on trouve déjà en germe dans ce livre quelques-uns des traits importants de ce qui sera la morale individuelle et sociale de Renouvier, il y a loin cependant du vague christianisme dont il est imprégné, et de l'optimisme simple et naïf dont il témoigne, à l'état d'esprit d'où sortira la *Science de la morale*. L'auteur du *Manuel* nous offre comme un résumé général des aspirations, des illusions, de la religiosité sentimentale des hommes de ce temps. Ce que l'on attend et ce qu'on l'on souhaite de voir se réaliser, c'est la morale de Jésus : « Il est visible que nous sommes venus à ce point de l'histoire où toute conscience réclame, en secret du moins, l'application sociale de la doctrine du Christ (1). » — « Le temps est venu, dit-il ailleurs (2), où la morale, enseignée jusqu'ici dans les églises au nom de Jésus-Christ, doit entrer dans les assemblées des hommes qui font des gouvernements et des lois. » L'égoïsme doit disparaître et faire place à l'amour du prochain, lequel se confond avec l'amour de Dieu (3). L'homme doit être juste, et « la justice parfaite est le premier degré de la perfection ; mais, après le premier, il y en a un second : c'est la parfaite fraternité (4) ».

On peut juger par le parallèle de l'homme de justice et de l'homme d'amour, que j'ai cité dans ma dernière leçon, quel chemin a parcouru à cet égard l'esprit de Renouvier. La science de la morale sera elle-même tout entière fondée sur la justice.

Le *Manuel* pose avant tout des devoirs, et il définit, d'ailleurs le devoir, comme simple affirmation de la conscience et du cœur : « Le devoir est un acte ou une règle d'agir auxquels nous nous sentons obligés par la conscience ou par le

---

(1) Préface de la 2ᵉ éditoin (éd. Thomas), p. 58.
(2) *Manuel*, p. 118.
(3) *Manuel*, p. 166.
(4) *Manuel*, p. 110.

cœur. » Les droits n'apparaissent qu'en second lieu, et en déduisent de l'existence des devoirs. La science de la morale supprimera cette distinction des deux moments où s'affirment les uns et les autres : ils seront posés simultanément dans la relation réciproque qu'implique la justice.

En ce qui concerne les préoccupations économiques et politiques, le *Manuel* contient déjà l'essentiel de ce que Renouvier dira toute sa vie, — soucieux de faire cesser les inégalités sociales et d'empêcher « les pauvres d'être dévorés par les riches ». Mais, ici encore, une différence appréciable permettra de distinguer la *Science de la morale* du *Manuel républicain*. En 1848, Renouvier ne fait guère que refléter les idées de Fourier, de Proudhon et de Louis Blanc, en prêchant les avantages de l'association volontaire, en dénonçant les vices du commerce et des intermédiaires entre la production et la consommation, entre le travail et le capital ; en demandant à l'Etat de garantir le droit au travail et de concourir à son organisation... Les mêmes idées, — avec quelque différence dans le rôle de l'Etat, qu'il amoindrira dans la *Science de la morale*, — veut se retrouver dans cet ouvrage ; mais, alors, tout aura sa place dans la philosophie du maître, et se trouvera rattaché à sa doctrine personnelle.

*
* *

Après ces quelques remarques générales, j'aborde sans plus tarder la *Science de la morale*. Elle comprend deux parties : la morale pure, la morale appliquée. Mais cette distinction, qui n'a nullement le sens habituel, demande à être expliquée : c'est elle qui fait l'originalité propre de la morale de Renouvier. La première, la morale rationnelle ou la morale pure, est celle qui conviendrait à l'*état de paix*, c'est-à-dire à une société dont tous les membres s'acquitteraient les uns à l'égard des autres de toutes leurs obligations, où il n'y aurait nul désaccord entre ce que chacun attend des autres et ce qu'il reçoit d'eux, où, par conséquent, il ne saurait y avoir aucun conflit entre le cœur et la raison et où seraient réalisées à la fois la justice et l'amour. La morale appliquée est celle qui convient à l'homme de l'expérience, à l'homme de l'histoire, aux sociétés telles qu'elles se trouvent constituées, avec le mal qui les pénètre, avec la guerre qui est l'état permanent, avec l'obligation pour chacun non pas seulement de remplir ses devoirs, mais aussi de se défendre. C'est la morale de l'*état de guerre*, et c'est la seule pratiquement réalisable, l'autre restant comme un idéal qui permet à chaque instant de mesurer la distance où l'on est.

I

Deux faits positifs suffisent à justifier le problème de la moralité : 1° l'homme est doué de raison, c'est-à-dire qu'il est capable de réflexion, de comparaison, de jugement ; 2° il se croit libre. Sur le point d'agir, il se trouve naturellement en présence de ce dilemme : cela est-il à faire ou à ne pas faire ? Dois-je faire ou ne pas faire ? Je peux choisir : qu'est-ce qui vaut le mieux, qu'est-ce qui est le meilleur ? Au problème ainsi posé les religions et les philosophes ont répondu ; mais toutes ont subordonné leur réponse à des dogmes, ou à certaine théorie. Seul, le criticisme peut essayer de présenter une morale vraiment *indépendante*, puisque, seul, il subordonne la raison théorétique à la raison pratique.

La *sphère élémentaire* de la morale concerne l'individu supposé seul et séparé du monde. Il sera guidé dans l'action par un intérêt plus grand, ou plus durable, ou d'une nature plus raisonnable, et sera amené à faire ainsi preuve d'une vertu ou raison pratique qui, envisagée plus particulièrement dans la volonté, s'appellera *force* ; dans l'entendement, *prudence* ; par rapport aux sens, à l'imagination et aux passions, *tempérance*. Le devoir être ou devait faire, d'après ce qui est conçu raisonnablement comme le meilleur, et est ainsi posé comme un idéal, constitue *le devoir* de l'agent envers lui-même. On peut parler d'obligation, — non dans le sens ordinaire du mot, — mais pour traduire : 1° le sentiment obscur qui nous porte à vouloir le perfectionnement de notre personne ; 2° le jugement non analytique, mais synthétique, qui consiste en ce que, toutes les fois que la raison envisage une fin comme devant être atteinte en vertu de ses lois, elle l'envisage en même temps comme devant être recherchée par l'application de la volonté. On ne saurait parler de *droit* à l'égard de soi-même.

Si nous replaçons l'homme en présence de la nature et des animaux, nous entrons dans la *sphère moyenne* de la morale.

En respectant la nature, sauf à la modifier par le travail et en se montrant bon pour les animaux, l'agent se conformera à ses propres fins, à ses sentiments esthétiques, à sa sympathie naturelle pour l'ordre, la vie, la sensibilité, — à sa raison. Ici encore, il ne saurait être question de *droits*.

Enfin remettons l'homme à côté de l'homme, et pénétrons dans le domaine propre de la morale, dans ce que Renouvier nomme la *sphère supérieure*. Considérons ensemble deux agents. Ils ont conscience d'un bien commun, dont la réalisation dépend de ce que chacun fera certaines choses attendues par l'autre ; et de ce seul fait se trouve formée tacitement une sorte d'association, où chacun doit quelque chose à l'autre : il y a par là, simultanément, droit ou *crédit* chez l'un, devoir ou *débit* chez l'autre. Ce droit et ce devoir unis composent la *justice*.

Pour la première fois, l'agent tient compte ici d'autres fins que des siennes. *L'autre* est pour chacun des deux une fin en soi, non plus un moyen pour sa propre fin. L'obligation envers cet autre est, selon le mot de Kant, *l'obligation pratique suprême*. Chacun respecte l'autre pour lui-même, et le droit à ce respect s'appelle *dignité*. Le sentiment de l'obligation de chacun des deux agents en vue du bien commun, — sans qu'on sache ou puisse savoir en quoi ce bien doit consister, — constitue, à lui seul, la condition de la moralité, C'est la loi formelle de la conscience.

Les motifs d'action chez l'agent se généralisent en maximes ; et, quand il s'agit de deux agents ensemble, on arrive à cette maxime générale, qui est proprement la loi : « Agis toujours de telle manière que la maxime applicable à ton acte puisse être érigée par ta conscience en loi qui te soit commune avec ton associé ». Si l'on multiplie indéfiniment le nombre des associés : « Agis toujours de manière que la maxime de ta conduite puisse être érigée par ta conscience en loi universelle, ou formulée en un acte de législation que tu puisses regarder comme la volonté de tout être raisonnable. » Ce principe constitue *l'obligation catégorique*. Renouvier l'applique, après Kant, aux trois cas du suicide, du mensonge fait dans l'intérêt du prochain, de l'oisiveté de celui qui croit pouvoir ne pas travailler, et montre que, chaque fois, la maxime universalisée est rejetée par la conscience. Il reproche à Kant de négliger ce rôle de la conscience et de sembler se rejeter sur une sorte d'ordre naturel, qui rappelle ici les vieilles métaphysiques.

D'une manière plus générale, d'ailleurs, il signale les contradictions et les erreurs qui résultent chez Kant de ce qu'il n'a pas séparé l'état de paix de l'état de guerre (par exemple, il en arrive à justifier la contrainte dans une morale fondée sur la liberté !), et de ce qu'il a trop radicalement voulu séparer le devoir de toute fin. N'est-il pas forcé cependant, pour que l'obligation ne soit pas vide, de rattacher le devoir à la propre perfection de l'agent et au bonheur d'autrui ? En quoi Renouvier ne l'approuve qu'à moitié ; au lieu du « bonheur d'autrui », il aime mieux parler de l'association en vue du bonheur commun.

Que deviennent les devoirs de bonté ? A en croire Kant, il faudrait distinguer les devoirs stricts et les devoirs larges. Les devoirs de bonté seraient alors rangés dans la deuxième catégorie ? De pareilles distinctions sont à supprimer, sans quoi nous ne faisons pas de science. Si l'on entend que l'homme doit cultiver ses bons sentiments, soit, c'est alors d'un devoir envers soi-même qu'il s'agit. On peut encore parler de devoirs de bonté envers les autres, mais à la condition : 1° de voir dans ces autres leur nature sensible (souffrance physique ou morale) et non leur personne ; 2° de subordonner les devoirs de bonté à ceux de justice, à l'égard desquels seul les personnes ont un droit.

En particulier, s'il s'agit du devoir d'assistance, — en général conforme à la justice, puisque c'est leur bien commun que les hommes ont en vue par elle, — il est pourtant un cas où la justice elle-même le fait rejeter. Il faut que chaque homme puisse développer et exercer son activité en toute indépendance dans une certaine sphère, et, pour cela, qu'il dispose d'une propriété. Or ceux qui, par erreur ou par faiblesse, dissipent la leur n'ont pas de droits sur celle des autres. La bonté suppléera à la justice dans la mesure où celle-ci le permettra.

« Si l'empire suprême de la justice nous paraît dur, dit Renouvier, c'est que nous ne remarquons pas assez combien il est nécessaire, combien la règle de la conduite humaine, la raison, est indispensable à la garantie, à la durée et à la bonne administration de nos biens, et que nous ne savons pas nous rendre compte des désordres qu'entraîne partout et toujours le sentiment pris pour mobile exclusif des actes ; c'est aussi que nous ne sentons pas la beauté du juste, et que nous lui reprochons d'exclure les affections qu'il ne fait que régler, nous laissant tromper peut-être par l'hypocrisie de ceux qui couvrent leur insensibilité sous le manteau d'une froide et fausse raison. Si, enfin, l'empire de la justice nous semble insuffisant pour le bonheur des hommes, c'est que nous sommes malheureusement privés de ce spectacle que la terre n'a jamais contemplé... En réalité, ce monde où la *raison* commanderait serait un monde où la bonté, libre enfin des chaînes dont l'iniquité la charge de toutes parts, nous paraîtrait régner toute seule (1). »

A la justice et à la loi morale doivent se subordonner tous ces mobiles que Kant a eu grand tort d'écarter du devoir, et que toutes les écoles ont reconnus, — sympathie, amour de nos semblables, intérêt, utilité, plaisir, utilité générale, sentiment de l'honneur, — tous éléments naturels, qu'il ne faut pas méconnaître et qui ont assurément leur rôle moral, à 'a condition de se mettre d'accord avec la justice.

Mais laissons Renouvier s'attarder dans ses délicates analyses du mérite et de l'admiration, du beau et des effets moraux de l'art, puis dans sa discussion des sanctions de la morale ; et descendons avec lui de ces régions pures dans l'humanité réelle, avec ses imperfections, ses vices, avec ses coutumes et ses lois injustes, avec la contrainte et la guerre.

II

L'état réel de la société est celui où chacun apprécie ce qui lui est dû autrement que ses semblables ne l'apprécient eux-mêmes, et où il est permis à chacun de douter de la bonne volonté des autres et de leur fidélité à remplir leurs obligations. Dès lors, dans tous les groupements humains, on sent, le besoin d'organiser la *contrainte* ; des pouvoirs s'instituent pour garantir par force le respect — non point du droit des hommes, tel qu'il a été défini dans la morale rationnelle pure, — mais d'un droit empirique, fait par l'histoire, et qui représente un effort pour assurer un minimum de justice compatible avec les coutumes, les traditions et tout le mal qu'elles comportent nécessairement.

Dès lors, aussi, la loi morale pure ne saurait plus être notre seul guide ; un principe vient s'y ajouter, qui tient compte de l'état de guerre, et qui est la droit de défense.

(1) T. I, p. 164.

L'homme a le droit de défense personnelle contre toute agression, droit naturellement limité par le devoir de ne pas s'abandonner à la passion, de choisir les moyens de défense les moins incompatibles avec l'ordre de moralité où la défense serait inutile, et de les combiner, autant que possible, à l'aide d'une entente avec ceux des associés qui ont des droits et des devoirs communs.

La prudence, la tempérance, le courage, perdent forcément quelque chose de leur pureté. La prudence, par suite de la défiance à l'égard des autres, s'accompagne d'actes de défense qui seraient répréhensibles au point de vue de la morale rationnelle ; la tempérance s'impose des limites pour ne pas choquer le milieu où il vit ; le courage et la force, qui s'exerçaient à l'état de paix contre nos propres passions, deviennent maintenant courage et force contre nos semblables, pour tuer. Enfin, ces vertus ont des excès à éviter dans les deux sens, comme l'a dit Aristote, ce qui serait tout à fait incompréhensible à l'état de paix.

De même, à la suite d'une analyse des passions qui reprend et complète celle qu'il avait donnée dans la psychologie, Renouvier étudie la transformation des vertus et des vices passionnels par l'état de guerre. Après quoi il aborde, dans la dernière partie, les questions plus proprement sociales, économiques et politiques.

D'une manière générale, les droits, à l'état de guerre, procèdent tous du principe de la défense. Les problèmes particuliers se résolvent en tenant compte des éléments suivants : 1° morale pure ; 2° le principe de la défense ; 3° nécessité d'atténuer le conflit entre le bien idéal et les nécessités acquises.

Ainsi, quand les déviations d'une société vont jusqu'à la suppression de toutes les libertés, jusqu'aux formes diverses de l'esclavage des corps ou de l'esclavage des âmes (intolérance), le droit de défense peut aller jusqu'à la révolte et la violence, mais en cas exceptionnel : les hommes ont, en effet, le devoir des ménagements et du choix des moyens les plus utiles, parce qu'ils sont tenus à quelque respect de la société, — qui, telle qu'elle est, conserve dans la guerre une part de paix, — pour ne pas s'exposer à des maux pires qu'elle n'en renferme.

Ainsi, encore, tous les détails du droit domestique, du droit économique, du droit politique, se règlent d'après les mêmes principes : « Rappel constant de l'idéal dans l'esprit, afin de prévenir les effets du relâchement forcé dans la pratique et de les réduire aux moindres proportions ; ferme volonté de réaliser ce qui est du reste possible de l'ordre de la raison ; consultation des moyens possibles ou utiles pour les fins désirées ; choix entre tous de ceux qui sont le plus propres à ramener l'ordre auquel il a été dérogé en fait (1). »

A propos du droit économique, nous retrouvons quelques-unes des idées du *Manuel républicain*, présentées avec plus de précision, et beaucoup moins de confiance en l'intervention de l'État. La propriété se justifie comme liée au développement de la personne. Si l'origine historique a été condamnable, il y a prescription. On ne saurait songer à renverser d'un coup, par la violence, les inégalités sociales qui en résultent ; ce serait mauvais et ne réussirait pas. Il faut que la société garantisse à chacun, à défaut de propriété, le droit au travail ; ce sera rendu possible en particulier par l'établissement de l'impôt progressif, qui servira à assurer une meilleure répartition de la propriété. Quant aux salaires, on ne peut compter sur l'État pour empêcher qu'ils ne se réduisent strictement aux besoins de l'ouvrier, et pour permettre à celui-ci de tirer de son travail un revenu destiné à lui constituer aussi une propriété, ce qui serait naturel dans la société idéale. Il vaut mieux s'en remettre à la liberté, à l'initiative individuelle, qui sera surtout efficace sous forme

(1) T. I, p. 585.

d'associations volontaires. « La plupart des systèmes qu'on appelle socialistes, dit Renouvier, sont des combinaisons de la vérité pure avec une erreur énorme et ne peuvent ni s'essayer, ni seulement se proposer à la pratique, par des moyens d'autorité, sans amener aussitôt de grands troubles et finalement une rétrogradation sociale.. Au contraire, cette liberté, qui, dans l'état actuel des choses, semble n'être que la liberté de la lutte et sur laquelle pèse la responsabilité visible de tant de maux, qui n'apporte en théorie qu'une simple faculté, sans moyens propres, intrinsèques, de se diriger et de réaliser des biens quelconques, renferme cependant la méthode unique de toutes les réformes possibles. La liberté est grosse de tous les biens non moins que de tous les maux (1)... »

Je ne suivrai pas Renouvier dans tous les problèmes que soulève le *droit politique* (formes de gouvernement, régime représentatif, principe des majorités, etc...). Je noterai seulement, à propos de la pénalité, quelques jugements intéressants : l'unanimité des juges ou du jury devrait être exigée pour toute condamnation. Il faut supprimer la peine de mort. La condamnation ne doit, en aucun cas, avoir en vue l'expiation, l'amélioration de l'homme par la peine ; celle-ci doit être seulement répression, réparation.

Après le droit politique, vient le droit *extrasocial*, c'està-dire le droit de la guerre. Dans l'étude des conflits entre particuliers, je relève en passant ce qui touche à la politesse. Les vertus qu'elle supposerait, en tant qu'un produit de la bonté unie au respect, étant le plus souvent absentes dans notre société, la politesse se réduit, en somme, ordinairement à une sorte de mensonge destiné à maintenir la paix. Le mensonge peut être permis, comme arme de défense contre l'injustice, mais dans ce cas seulement. Sauf peut-être une exception très rare, Renouvier rejette avec énergie le mensonge

(1) T. II, p. 196.

que l'on prétend justifier par l'intérêt de la personne à qui l'on ment

En ce qui concerne les nations, c'est-à-dire entre ces groupes de volontés et de personnes qui se sont rapprochées, abstraction faite de la variété des races, des langues, etc..., Renouvier invoque les mêmes règles qu'à propos des individus. Il condamne sans restriction toute guerre agressive, y compris surtout celles que l'on couvre du prétexte hypocrite de civilisation, — et n'admet comme légitime que la guerre défensive. Si une grande nation, comme la France, donnait l'exemple de se renfermer strictement désormais dans la défensive, et si cet exemple était suivi, pourrions-nous pas concevoir bientôt une fédération des États, prélude d'une paix perpétuelle ? — C'est là un idéal qui dépasse les conditions empiriques de la réalité et de l'histoire. La paix du monde n'est possible que quand la justice parfaite régnera à l'intérieur des États et cela n'aura lieu que quand les individus qui les composent la feront eux-mêmes régner dans leur cœur : « Ces vues optimistes... font dépendre la paix générale de la volonté de quelques personnes, et supposent cette volonté persévérante à travers les changements intérieurs des États. Mais les gouvernants ne sont pas, en général, capables des vertus dont les gouvernés n'ont point en eux profondément les éléments. Ceux-là, outre qu'ils participent aux plus injustes passions des nations qu'ils conduisent, sont dominés par d'autres qui leur sont particulières, ont un orgueil et des ambitions propres et se dirigent par la raison d'État, qui est le contraire de la morale et du droit, par conséquent de la paix (1)... » Les idées de justice, de travail et de paix ont encore à conquérir le monde. Si ce pouvait être chose faite, la paix régnerait d'elle-même.

*
* *

(1) T. II, p. 473.

L'ouvrage se termine par quelques considérations sur le progrès.

Pour l'humanité dans l'individu, comme pour l'humanité dans le corps social, la marque du progrès, c'est la mesure de liberté ou d'autonomie employée et respectée ; la mesure de liberté non exercée ou perdue est le critère de la décadence. Ainsi entendu, le progrès des sociétés est-il continu ? Suit-il la marche régulière qu'on lui attribue ? — Non, et la preuve, c'est que le Moyen Age a été une période de décadence par rapport à l'antiquité républicaine. C'est là une thèse que Renouvier s'efforce d'établir avec la plus grande énergie contre les écoles historiques du XIXᵉ siècle, issues du saint-simonisme, qui, en réaction contre les théories révolutionnaires, ont grandi le rôle du Moyen Age dans la marche de l'humanité. La transformation de l'esclavage en servage, qui en elle-même réalisait un progrès, n'a pas été due à une volonté réfléchie et à un principe moral, mais au régime spécial où était descendu l'empire romain, et à l'adaptation toute naturelle du servage aux mœurs des Barbares. Et, en tout cas, elle allait coïncider pour bien des siècles avec le total abandon des pensées de liberté pour tous les hommes...
« En soi, le sentiment de l'idéal de bonté fut un progrès sur les mœurs antiques. Il ne semble pas douteux que l'enseignement de l'Eglise ait en cela travaillé efficacement à l'amélioration du cœur humain. D'ailleurs, de ce que l'on nie qu'il y ait progrès dans le passage d'une époque à une autre, on n'est point obligé d'y contester tous les progrès assignables, non plus que de les envisager tous quand on adopte l'affirmation contraire. Mais, en tant que l'idéal de bonté se substitua à l'idéal de justice, ce fut une rétrogradation essentielle qui renferme tout le sens, l'esprit et l'explication du Moyen Age, et qui eût été poussée au dernier degré imaginable, suivant ce que l'on voit chez les nations bouddhistes, sans la conservation latente et qui parut longtemps presque désespérée, des principes de dignité et de liberté. C'est que

la justice est la grande, l'unique sauvegarde, et que la bonté
n'est qu'une passion, sujette aux altérations et au plus complet renversement là où manque la raison (1)... »

Le progrès ne se réalise pas de lui-même. C'est aux hommes à le réaliser par la liberté, qui doit être à la fois le
moyen et le but des agents raisonnables. Il ne s'agit plus,
d'ailleurs, de la liberté problématique, dont le sentiment seul
avait servi à Renouvier jusqu'ici, mais de la liberté profonde
et vraie, en laquelle il rappelle toutes ses raisons de croire.
« La liberté, fondement de la justice et même de la raison,
l'autorité partant de la personne, allant à la personne libre,
toutes les vérités, tous les biens moraux posant sur la personne, et l'établissement des relations sociales légitimes de-
mandé aux libres décisions de la personne, voilà la fin et le
moyen du progrès de tous les agents raisonnables, l'origine
de l'essence du devoir de chacun. C'est la conclusion et la
profession de foi de ce livre (2). » Renouvier aurait pu dire
que c'est là la conclusion et la profession de foi de toute sa
philosophie.

* * *

Quelle impression donne la *Science de la morale ?* Celle
d'une œuvre originale, personnelle, doublement intéressante
par l'effort théorique de maintenir la morale pure, et même
d'en chercher un fondement, en même temps que par la préoccupation de tenir compte de toutes les réalités historiques ;
par son caractère d'étude de philosophie traditionnelle en
même temps que par l'écho que nous y trouvons de toutes les
grandes questions politiques, économiques, sociales, que peuvent de moins en moins éluder les hommes de notre temps.

La morale théorique prétend, comme le néocriticisme en
général d'ailleurs, se rattacher à Kant. C'est peut-être cette

(1) T. II, p. 505.
(2) T. II, p. 565.

affirmation et le désir de la justifier depuis les premières pages du *premier Essai de critique générale*, en dépit des divergences les plus profondes, qui nuit le plus à la *Science de la morale*. Et, de fait, on n'y trouve plus vraiment que la terminologie du maître. Sous les mots qui traduisaient ce qu'il y avait d'absolu, d'inconditionnel, de catégorique, dans la pensée kantienne, qui voulaient si radicalement séparer le monde de la moralité de celui de la nature, des affections, de l'expérience, sous ces mêmes mots employés par Renouvier, nous avons bien de la peine à ne pas sentir tout autre chose. La primauté de la raison pratique ne supprime plus la notion plus ou moins claire d'un bien à poursuivre, soit qu'il s'agisse de l'agent isolé, soit qu'il s'agisse d'un bien commun à plusieurs individus vivant en société. Renouvier n'ose même pas garder, pour le moment au moins, le mot *impératif*. Il retient, il est vrai, celui d'obligation ; mais, en réalité, par toutes ses concessions aux morales empiriques, il donne l'impression de s'en éloigner beaucoup moins par le fond de ses idées que par son langage. C'est là la source des contradictions que M. Fouillée a fort justement signalées. Mais c'est aussi peut-être ce qui donne à la morale de Renouvier, en dépit de ses propres affirmations, plus d'intérêt et plus d'actualité.

L'opposition de l'état de guerre à l'état de paix, comme de la seule réalité à l'utopie, fournit dans la morale appliquée une méthode claire et fort séduisante. N'a-t-elle pas ses dangers cependant ? Si, par exemple, des formules telles que celles-ci : « On ne doit pas la justice aux injustes, la tolérance aux intolérants », passent dans la pratique des faits, ne peut-il y avoir prétexte aux pires injustices ? Je ne peux m'empêcher d'être troublé à la lecture de ces lignes qui visent l'état de guerre de deux partis religieux : « Si l'un des deux se fonde sur les vraies notions morales et sociales, que l'autre nie, celui-là possède la conscience vraie dont le second n'a que l'apparence : il a donc et il a seul un droit réel et un devoir réel d'intolérance, qui se confondent avec le droit et le devoir de conserver et de défendre les premiers principes et intérêts de la personne et de la société (1). » Mais je sais bien que le problème n'est pas simple, et, somme toute, la morale appliquée de Renouvier reste un des efforts les plus intéressants que je connaisse pour sortir de l'absolu, sans renoncer à un idéal moral, et pour reconnaître toute la complexité de la vie sociale, tout en essayant d'y faire pénétrer plus de raison et plus de justice.

_____

(1) T. I, p. 528.

LA POLÉMIQUE

———

LE PROBLÈME DU MAL ET LA THÉORIE DES TROIS MONDES

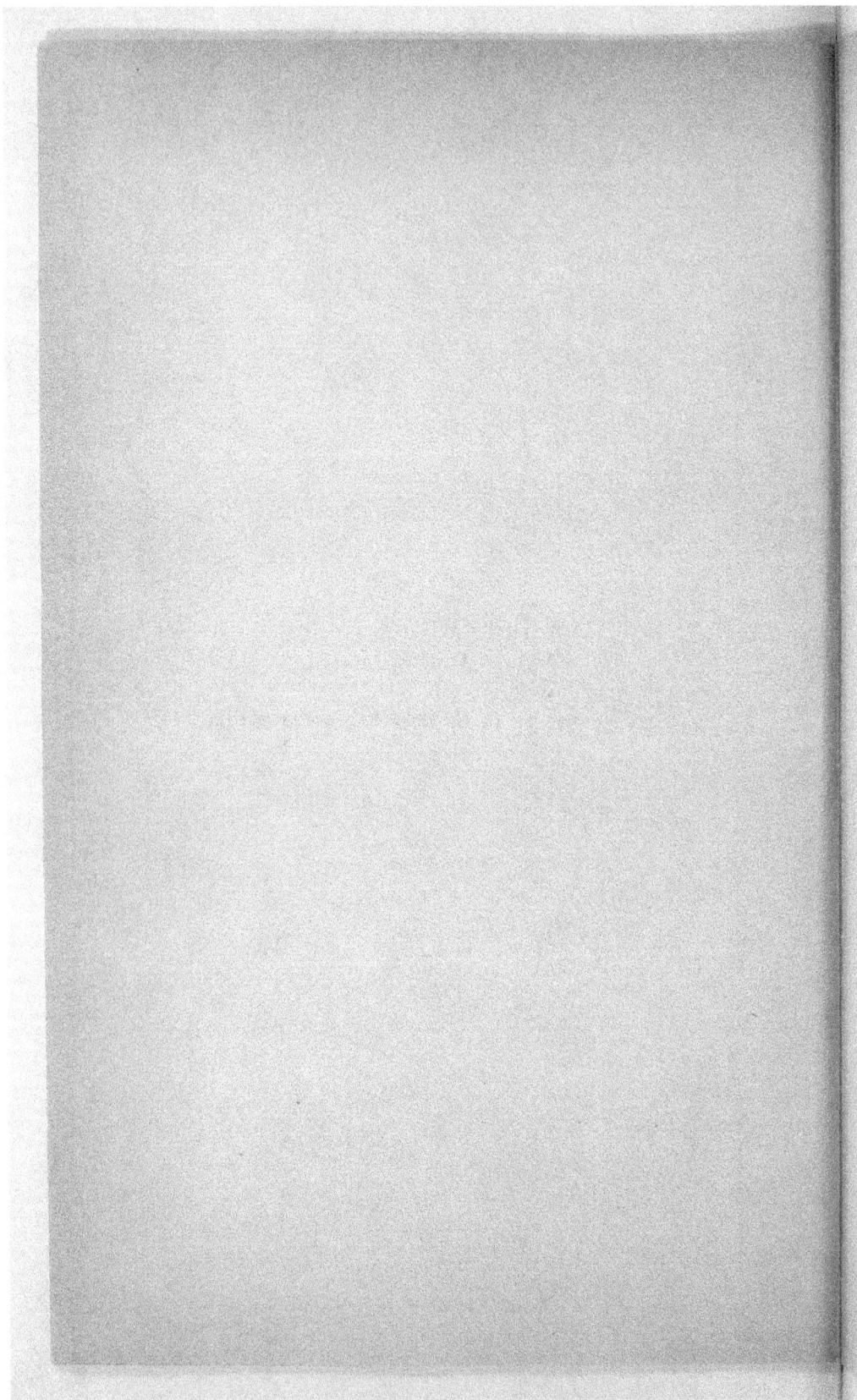

LA POLÉMIQUE

Le Problème du Mal et la Théorie des Trois Mondes

Après la *Science de la Morale*, la doctrine est arrêtée. Elle touche à toutes les questions théoriques et pratiques, et elle fournit à toutes une solution précise et ferme. L'ambition de Renouvier est alors de la répandre, d'en pénétrer les esprits, et, pour tous les besoins du cœur et de la raison, pour tous les problèmes que pose la vie des individus ou des sociétés, d'en faire désormais le fondement de toute croyance et de toute action.

En 1867, il avait commencé, avec son ami Pilon, la publication de l'*Année philosophique*, que devaient bientôt interrompre les événements de 1870 (1). Au lendemain de la guerre, le désir des deux amis devient plus ardent encore d'apporter à notre malheureux pays le secours d'une philosophie qu'ils croyaient pouvoir mettre à l'épreuve de toutes les difficultés. Ce ne fut plus tous les ans, mais toutes les semaines, qu'ils voulurent parler au grand public, et ils fondèrent la *Revue de critique philosophique*, qui devait se compléter en 1878 par la *Revue de critique religieuse*.

La variété des sujets traités par Renouvier dans ce journal est extrême : politique, religion, littérature, sans compter

---

(1) L'*Année philosophique* devait reparaître en 1891, sous la direction de M. Pillon ; la publication continue.

naturellement tous les problèmes philosophiques, à propos desquels il reprend l'exposé cent fois renouvelé de ses théories, en même temps qu'il discute et réfute avec vivacité, et parfois avec violence, les systèmes qui s'y opposent. Le lecteur de la *Revue* peut, certes, s'éclairer sur tous les points de la doctrine ; mais ce n'est pas là, à mes yeux, ce qui fait le plus grand intérêt de cette collection. Après les *Essais* et après la *Science de la Morale*, les articles plus proprement philosophiques ne font guère que répéter, sous des formes variées et à propos de mille occasions diverses, les thèses déjà connues. Ce qui est véritablement captivant, ce sont les innombrables études que Renouvier nous offre, au jour le jour, sur les questions d'ordre politique, religieux ou social. Il y apporte d'abord un très grand talent de polémiste : par la vigueur de son langage, par l'énergie de ses critiques, par le courage et la sincérité de toutes ses opinions, il apparaît comme le modèle idéal du journaliste. Mais, en outre, il a su pénétrer assez profondément dans les grands problèmes qui se posent, pour que, trente ans plus tard, ses articles semblent actuels et présentent, aujourd'hui encore, le plus vivant intérêt. Voyez, par exemple, les études sur la liberté d'Enseignement, sur les Congrégations, sur l'Eglise catholique, sur la séparation des Eglises et de l'Etat. Voyez sa violente protestation, à propos de l'avancement du capitaine Garcin, — celui qui avait fait fusillé Millière sans aucun souci des formes légales ; voyez sa guerre sans merci contre le mensonge utile, l'hypocrisie, contre toute autorité extérieure qui détruit la liberté et annihile la personne humaine, et surtout contre la *raison d'Etat*... On a publié récemment le *Manuel républicain* de 48, et on a bien fait, mais je crois qu'il serait facile et plus opportun encore d'extraire de la *Revue de critique philosophique*, où elles dorment ensevelies au fond de quelques vieilles bibliothèques, et de réunir en volumes, destinés au grand public, toute une collection d'études de Renouvier qui, en dehors de l'intérêt historique qu'elles présentent malgré tout par les faits qui en sont l'occasion, offriraient ainsi aux Français de 1905 une lecture très attachante et très utile. — D'une manière générale, en politique, la sympathie de Renouvier va aux républicains les plus avancés de son temps, mais en réalité il les dépasse : sauf qu'il rejette le collectivisme, comme contraire à ses yeux au libre épanouissement de la personne humaine, et qu'il maintient la propriété individuelle, il est très près de ce que nous appellerions aujourd'hui les socialistes parlementaires. En matière religieuse, il lutte avec la même énergie contre l'Eglise catholique et contre l'athéisme. Il sera fidèle à cette attitude, quand il demandera, quoique indépendant de toute Eglise, d'être accompagné au cimetière par un pasteur protestant.

*
* *

En même temps que paraît la *Critique philosophique*, Renouvier publie, en 1876, le très curieux ouvrage qui a pour titre *Uchronie* (ou utopie dans l'histoire). Préoccupé de sa lutte contre le fatalisme historique, à laquelle il a consacré le meilleur de ses forces, il offre une esquisse du développement de la civilisation européenne, « tel qu'il n'a pas été, tel qu'il aurait pu être », si seulement Marc-Aurèle avait eu la volonté de déshériter Commode au profit de Pertinax.

En 1866, l'*Esquisse d'une classification systématique des doctrines philosophiques* nous donne une histoire totale de la pensée philosophique ramenée aux oppositions fondamentales : chose-idée, fini-infini, nécessité-liberté, évidence-croyance, etc., qui, par le choix décisif de l'un des deux termes, permettent de définir le néocriticisme par rapport aux autres doctrines. Une opposition nouvelle doit ici nous arrêter, qui va, par ses conséquences, marquer un tournant dans la pensée de Renouvier : évolution-*création*. Certes, nous savons, depuis le *premier Essai*, que le néocriticisme rejette comme contradictoire l'évolution du monde à travers un passé sans fin, et qu'un de ses postulats exigés par la loi du nombre est le commencement du monde. Mais Renouvier ne s'était pas prononcé sur la nature de ce commencement, et il avait nié la création : « S'il n'y a pas tout à fait contradiction, quant à la lettre, écrivait-il dans la *Logique*, à supposer que la représentation dans une conscience donnée suscite la représentation dans une conscience qui n'est pas donnée, car ce serait bien là le fait de la création d'une conscience par une autre, il y a une étrangeté telle que, pour haut et traditionnel qu'un tel dogme paraisse (encore n'est-il pas antique), on ne peut que le qualifier de fantaisie illustre et gigantesque. L'origine en est facile à démêler dans ce même effort d'abstraction poussée à l'absolu qui a produit les dogmes de l'unité pure, de la simplicité absolue et de l'infinité actuelle. La création est l'acte de la plus que puissance (1). » D'autre part, si la croyance en Dieu était posée dans les premiers *Essais*, au nom de la raison pratique, Renouvier avait placé au delà de la limite de la connaissance la question de l'unité ou de la pluralité de Dieu. L'*Esquisse d'une classification systématique des doctrines*, ainsi que l'histoire de sa pensée qui termine le second volume, nous font assister à son évolution définitive sur ces deux questions. Il a longuement réfléchi à la relation causale, s'est habitué à rapprocher la causalité créatrice de nos actes libres, et surtout a cru comprendre que « les lois générales et harmoniques établissant les rapports uniformes des phénomènes et la communication des consciences, — impliquent l'unité d'une conscience qui conçoit cette harmonie et la réalise ». Désormais, il entendra sous le nom de Dieu une personne, réalisant la perfection de la bonté et de la justice ainsi que la toute-puissance, et ayant créé l'harmonie qui, il l'a toujours dit, est un des aspects du monde. Il remarquait encore, dans la première édition du *Troisième Essai*, pour différencier sa *Monadologie* de celle de Leibniz, qu'il rejetait le caractère

(1) *Logique*, 2ᵉ édition, t. III, p. 233.

préétabli de l'harmonie universelle ; cette distinction cessera
maintenant, et la deuxième édition du *Troisième Essai* (1892)
corrigera sur ce point les affirmations premières.

Mais cette attitude nouvelle place Renouvier en présence
d'un problème redoutable, qui a préoccupé les théologiens
de tous les temps : je veux parler du problème du mal. Si un
Dieu parfaitement bon et parfaitement juste a créé le monde,
comment expliquer le mal, le mal moral et le mal physique ?
— L'objection n'effraie plus Renouvier dès 1886, comme nous
pouvons en juger par la netteté de la position qu'il prend à
l'égard de la création. On peut même deviner aux réflexions
qu'on lit dans l'*Equisse* quel sera le genre de solution qu'il
donnera à cette difficulté. — « Sur l'existence du mal, peu
de mots suffisent ici. Pour *démontrer* qu'elle est incompatible
avec l'hypothèse du Créateur bon et tout-puissant, il faudrait
prouver ou qu'il n'y a pas d'agents libres dans le monde,
ou que la liberté des agents n'explique pas le mal, ou enfin
que la création des agents libres est un acte contraire à la
sagesse et à la bonté du Créateur (1)... » Et on ne démontre
point cela. « Le postulat de la liberté se présente immédiatement pour répondre à la question de l'origine du mal, et ne
peut pas ne pas se présenter. Nous savons, de connaissance
directe, que le libre arbitre est une origine du mal, l'origine
du mal appelé moral. Nous ne savons pas *comment* le mal
moral a été l'antécédent et la cause première et formelle du
mal physique... ; mais nous ne sommes pas obligés de le
savoir, ni tenus de formuler sur ce sujet des hypothèses pour
lesquelles trop de profondes données nous manquent ; et il
suffit que nous apparaisse une probabilité morale, en principe, de ces sortes d'hypothèses qui ne paraissent gratuites
qu'en voulant se préciser, pour que nous soyons fondés à
ramener, en notre postulat, toutes les espèces du mal à
l'unité de celle-là, dont l'essence intime et la raison d'être

(1) *Esquisse*, t. I, p. 223.

nous est parfaitement connue (1). » Ainsi l'attitude de Renouvier, à ce moment, est déjà la suivante : Dieu a créé les êtres
libres ; la liberté a été l'origine du mal moral, et ce mal
moral a produit le mal physique, d'où toutes les désharmonies
matérielles et morales dont ce monde nous offre le spectacle.

*
* *

Mais, le premier pas franchi au delà des limites qui
avaient été primitivement assignées à la connaissance, Renouvier se sentira de plus en plus attiré vers les grands problèmes de la personnalité divine, de la création, du mal et des
fins dernières de la créature humaine. Et, peu à peu, ces problèmes viendront au premier plan dans sa pensée, qui se
revêtira d'un caractère de plus en plus religieux. Je laisserai
de côté les publications nombreuses qui ne font, sous des
formes diverses, que reproduire la doctrine telle qu'elle était
modifiée après l'*Equisse*, ainsi que les Etudes historiques,
impossibles à résumer d'ailleurs, et écrites dans l'esprit que
faisait déjà connaître la première édition du *Quatrième Essai*;
et je m'arrêterai seulement aux ouvrages qui caractérisent
le mieux l'attitude dernière de Renouvier, la *Nouvelle Monadologie* et le *Personnalisme*.

Quand on ouvre la *Nouvelle Monadologie* (2), on est
frappé de ce que le ton a décidément changé ; il ressemble
prodigieusement à celui du spiritualisme classique, quand ce
n'est pas à celui de la théologie, et il faut ouvrir les yeux et y
regarder à deux fois pour constater que l'essentiel de la
doctrine subsiste. C'est ainsi qu'on trouve employés couramment le terme de *substance*, ainsi que les mots *esprit, âme* :
que le problème du mal devient celui de la chute ; que, dans
l'explication du mal moral par la liberté, les passions et, en

(1) *Esquisse*, t. II, p. 291.
(2) Publiée en 1899, en collaboration avec M. Prat.

particulier, l'orgueil humain jouent un rôle de plus en plus marqué, comme si l'opposition chrétienne de la nature et de la vertu avait fini par pénétrer aussi dans la pensée de Renouvier.

Quant au fond même de l'ouvrage, il témoigne, de la part de son auteur, de deux préoccupations essentielles. D'une part, il veut donner à l'exposé complet de ses thèses le cadre de la monadologie, — dont le *Troisième Essai*, à la suite des autres d'ailleurs, avait arrêté dès longtemps les traits principaux, — comme s'il sentait lui-même le besoin de mettre à jour tout ce qu'il y avait de leibnitianisme plus ou moins latent dans sa philosophie, en dépit d'une déclaration fort ancienne, et qu'il prenait sans doute moins au sérieux à la fin de sa vie, d'après laquelle « il continuait Kant ». D'autre part, se trouve accentuée dans ses grandes lignes, — comme elle avait été déjà préparée dans les *Appendices* qui terminent la deuxième édition du *Troisième Essai* (1892), — la théorie des *Trois Mondes* que le *Personnalisme* va complètement exposer. Résumons-la brièvement.

Puisqu'un Dieu parfaitement bon et tout-puissant a créé le monde, il n'a pu le créer que parfait ; l'optimisme de Leibnitz d'après lequel le monde, tel qu'il est, aurait été pour le Créateur le meilleur possible, n'est pas soutenable. Seule est admissible, sauf à la dépouiller de ses éléments fabuleux, la doctrine symbolique du paradis primitif et du péché originel, et la théorie de Renouvier n'est autre chose que cette doctrine transformée en une hypothèse qu'il essaie de présenter comme positive. Les hommes ont été créés dans un état tel, que la justice régnait tout naturellement, que la loi morale n'avait nul besoin d'être impérative, se présentant à l'entendement et à la volonté comme les lois logiques, et que la paix et la fraternité se trouvaient réalisées. En outre, Dieu avait doué les hommes des connaissances nécessaires pour disposer de toutes les forces naturelles, et pour les adapter harmonieusement à leur existence. Comment, par le jeu

même de la liberté que Dieu a donnée aux personnes, la
société des hommes s'est éloignée de cet état de paix pour
entrer dans le mal moral, c'est ce qu'on peut comprendre
par ce que Renouvier a dit bien des fois, quoique le problème ne fût pas d'abord posé tel qu'il est maintenant, depuis
la première *Introduction à la Philosophie analytique de l'Histoire*. Ajoutez, comme je l'ai déjà fait observer, qu'il fait
plus grande aujourd'hui la part des passions, et notamment
de l'*orgueil de la vie*, c'est-à-dire de « l'état d'âme de l'homme
qui, enivré du sentiment de son moi, refuse de porter le joug
de l'altruisme, même sous la forme de raison, et ne peut s'y
soustraire qu'en pliant toute chose à son vouloir (1) ». Vous
comprenez que la passion antisociale ait pu se développer
par la haine et par la guerre. Elle va détruire non pas seulement la société idéale de la création, mais la nature physique,
d'abord parfaite elle aussi, du monde matériel.

Et, en effet, ce n'est pas seulement l'humanité morale
qui nous donne aujourd'hui le spectacle du mal, ce sont aussi
les désharmonies de la nature. Les hommes souffrent et meu-
rent. Les forces physiques que, par l'effort de la science, nous
arrivons à dompter parfois, nous sont le plus souvent une
gêne et un péril ; la loi de la gravitation nous fait un travail du plus simple mouvement de locomotion ; et nous avons
sans cesse à nous ingénier pour parer aux ennuis et aux
dangers qu'offrent les éléments. Il y a loin assurément des
conditions actuelles à celles qu'a pu seules réaliser d'abord
un Créateur tout bon et tout-puissant. Reste à savoir comment
la déviation morale de la société humaine a pu aboutir à
une telle altération de l'univers physique.

L'astronomie, la mécanique et la physique sont d'accord
pour faire remonter le système solaire, tel qu'il est aujour-
d'hui, à une nébuleuse primitive, formée d'une seule masse
diffuse. Mais aucun système religieux, philosophique, scien-

(1) *Personnalisme*, p. 80.

tifique, n'a pu raisonnablement, sans sacrifier le supérieur à l'inférieur, concilier avec la Création cette nébuleuse primitive et l'évolution dont elle est le point de départ. Tout s'éclaire, si l'on y voit les débris du monde antérieur que fut vraiment celui de la Création. Par leurs connaissances et leur puissance, les premiers hommes peuvent se comparer aux Titans des mythologies anciennes. Nous ne saurions imaginer l'étendue de leurs moyens d'action ni la force de destruction dont ils disposaient. Renouvier nous les montre, d'abord vivant sur un globe unique, homogène, qui réalisait toutes les conditions d'harmonie réclamées par une vie parfaite, puis transformant peu à peu l'ordre et les proportions des masses qu'ils déplacent, formant çà et là d'énormes accumulations de matière, changeant la nature de la gravitation, donnant lieu aux pires désordres en lançant de grandes masses sans combiner la force d'impulsion avec la loi d'attraction, et finalement faisant aboutir le monde primitif après une série de fractures, de chocs, d'explosions de toutes sortes, à ce gigantesque amas de débris qui constitua la nébuleuse solaire.

L'existence première des hommes a pris fin en même temps. Mais les germes qui enveloppaient les monades humaines étaient immortels ; ils ont pu se trouver eux-mêmes à un état tel de division qu'ils ont ensuite bravé les plus énormes températures, et qu'ils ont servi de point de départ au développement d'organismes nouveaux, lesquels ont parcouru la série animale indiquée par la science moderne, pour aboutir à la reconstitution des personnes humaines primitives (1), le même germe, pouvant d'ailleurs reproduire un certain nombre de fois la même personne. L'humanité terrestre ainsi constituée est celle à laquelle s'appliquent toutes les études historiques de Renouvier, qu'il reprend et résume une der-

(1) Renouvier s'est rallié à la théorie de la transformation des espèces et à la théorie cosmogonique de la nébuleuse, mais sans admettre plus qu'autrefois le *continu* de l'évolution.

nière fois, nous faisant assister à la formation des sociétés, des religions, des lois, au conflit de l'autorité et de la liberté, à la guerre. Ce monde est celui du sentiment du bien et de l'impuissance, de l'idée de justice et de l'injustice réalisée, « de l'ordre incohérent des forces génératrices, et de leurs développements imparfaits sous l'empire de la mort ». — A l'issue de ce monde, Renouvier entrevoit celui où se réalisera décidément « le règne des fins », la justice, la paix, le bonheur suprême. La personne humaine y entrera, « après avoir traversé le séjour terrestre, connu toutes les conditions, désiré le bien, ressenti le mal en toutes ses espèces, et dans toute sa profondeur en chacune, jusqu'à devenir par la réunion des diverses déterminations de son individualité, l'homme plein de l'expérience de l'humanité entière, et virtuellement pénétré de cette vérité, que l'injustice est le chemin de la mort, que la justice est la vie...

Au cours du rétablissement de la société universelle de ces hommes immortels, quels que soient les modes actuellement imprévoyables de leur naissance et de leur intégration organique, en harmonie avec les lois du monde parfait, ils viendront au jour pour se reconnaître en retrouvant la mémoire de leur vie passée, de leurs relations, des événements et de l'histoire de la terre et des terriens, tous ceux qui ont été liés par le sang, l'amitié, les idées et croyances communes ou contraires, la paix ou la guerre. Cette révélation par le souvenir et cette reconnaissance sont l'entrée du *ciel*, avec la contemplation des *nouveaux cieux* et de la *nouvelle terre*, avec la libre expansion de la vie, le sûr maniement des forces dont les hommes n'avaient possédé depuis la chute qu'une connaissance superficielle, en partie douloureusement acquise, et l'usage toujours restreint et pénible. Voilà le ciel physique, mais le ciel du cœur est au-dessus. Nous sommes moins capables d'en prendre directement l'idée que d'en approcher le sentiment par voie de contraste, en songeant aux amours aveugles, inconstantes ou troublées, dont l'anta-

gonisme des sexes et l'anarchie des relations sexuelles sont
la cause en notre monde, et à nos vagues désirs, à nos volontés ignorantes, à nos fins manquées, ou que toujours tranche
la mort, à l'impuissance de la personne mortelle de régir pour
le bien son entourage et ses relations, et enfin, ce qui est le
fond de tout, de se régir elle-même et de se satisfaire (1). »

Il y a, dans ce livre du *Personnalisme*, plus que l'exposé
d'une hypothèse ; il y a l'expression d'un sentiment religieux,
qui, pour vouloir se dégager des dogmes confessionnels, n'en
est pas moins ardent. Si vous en doutiez, reportez-vous à
l'entretien dernier où, quelques mois après avoir écrit ce livre,
Renouvier disait ses espérances à son ami M. Prat. Par la
sérénité confiante et tranquille qu'il lui donnait en face de la
mort, ce grandiose roman des *Trois Mondes* s'illuminait d'une
étincelle de vie et revêtait la plus haute consécration d'expérience dont soient capables les religions et les métaphysiques.

*
* *

Peu de temps après la mort de Renouvier, un comité s'est
fondé pour lui élever un buste qui serait placé dans la cour
de notre Université, à côté ou en face de celui d'Auguste
Comte. Permettez-moi d'exprimer le vœu que nos concitoyens
s'intéressent à cet acte de piété philosophique.

Charles Renouvier, Auguste Comte ! Que d'efforts de pensée sincère, que d'idées fécondes, dont ces deux bustes,
rapprochés l'un de l'autre, conserveront le souvenir ! A ceux
de nos jeunes gens qui, préoccupés de la conduite de la vie,
tourneront vers eux leur regard inquiet, j'imagine que Comte
et Renouvier parleront ainsi : « Vis pour autrui, dira l'un,
celui des deux qui est athée. Soumets-toi, pour le bonheur
de l'humanité, à l'ordre total, à l'ordre extérieur du monde
et de la nature, à l'ordre social auquel aboutissent tous les
siècles passés... Défie-toi de ton imagination et de ton orgueil-

(1) P. 216 et 220.

leuse raison. Sache voir et connaître les réalités concrètes, positives, et les limites de ta connaissance et de ton action. Discipline ton esprit, comme ta personne. Dans tes conceptions de la vie et du progrès, ne néglige jamais le poids très lourd dont pèsent sur le présent et l'avenir les traditions de nos ancêtres. Quand tu jetteras les yeux sur le passé, abstiens-toi de tout jugement absolu, tiens compte du moment, des circonstances, des nécessités sociales ; ose distinguer la vérité d'hier et la vérité d'aujourd'hui ; la justice d'hier et la justice d'aujourd'hui ; ne te hâte pas de condamner une institution, ou une nation, ou une époque, sans t'être rendu compte des conditions historiques de leur formation, et du rôle qu'elles ont joué dans l'évolution de l'humanité. Tout a contribué à préparer l'âge positif où tu as le bonheur de vivre, et où l'accord des esprit sur les lois morales, politiques, sociales que proclamera la science, entraînera l'harmonie des cœurs... »

Et Renouvier dira : « Développe ta personnalité, exerce ta volonté, ton énergie. Prend garde de te réduire à un rouage inerte et passif dans la société, qui n'a de valeur que par les individus qui la composent. Aime tes semblables, mais sache que l'amour ne peut rien, ou même devient funeste là où manque la justice. Que le souci des réalités concrètes et positives n'emprisonne pas ta pensée. Qe le respect du passé et de l'histoire n'arrache pas l'idéal de ton âme. Garde-toi de jamais confondre le bien et le mal, le juste et l'injuste, le vrai et le faux. Ne t'incline devant aucune idole ; ne pense jamais qu'une institution ou une tradition quelconque tire du fait de son existence, et même des services qu'elle a pu rendre à une société corrompue, une sorte d'inviolabilité qui la soustraie à la libre critique de la raison. Ne crois pas surtout aux prétendues lois que suit l'humanité pour évoluer vers un progrès énigmatique qui se réaliserait de lui-même. Il n'y aura de progrès que celui que tu feras ; il n'y aura de justice, de paix, de liberté, que celles que tu sauras conquérir... » Voilà ce que diront, entre autres choses, Comte et Renouvier à ceux de nos étudiants qui seront assez sérieux pour solliciter leurs conseils. Et ce sera l'éducation parfaite que ce contact avec deux esprits si dissemblables, mais également profonds. Ils représentent, l'un et l'autre, comme les deux aspects de toute pensée philosophique, au point que leurs tendances opposées, en pénétrant ensemble dans l'âme de nos jeunes gens, concourront à une conception plus riche, plus complexe, et par cela même plus vraie, de leurs devoirs.

Montpellier, Université.

TABLE DES MATIÈRES

Imprimerie Caennaise. 16, rue Froide, Caen. — Tél. 0-90

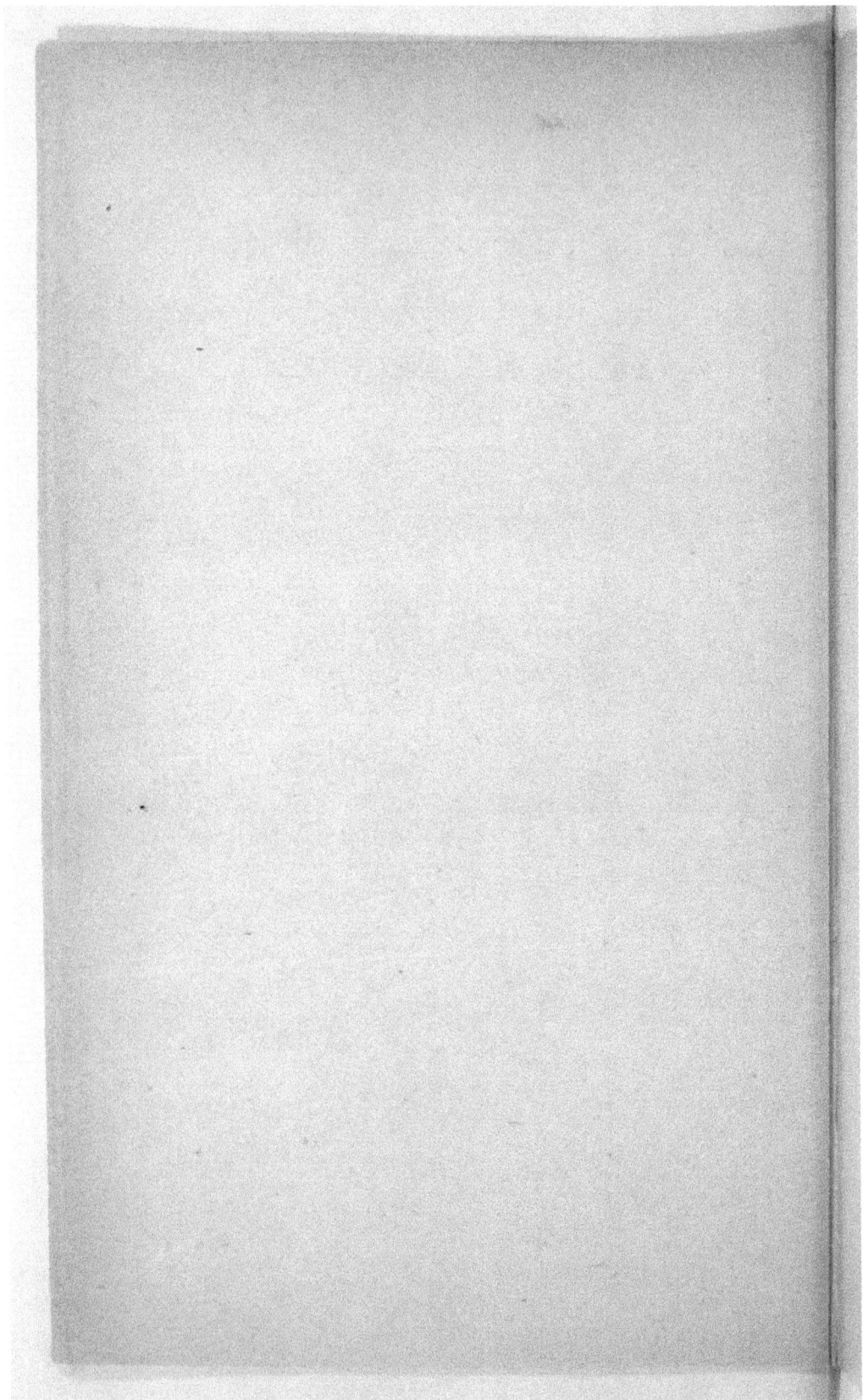

LIBRAIRIE J. VRIN, 6, PLACE DE LA SORBONNE, PARIS

ÉTUDES DE PHILOSOPHIE MÉDIÉVALE

Directeur : ÉTIENNE GILSON

Professeur à la Sorbonne
Directeur d'études à l'école pratique des Hautes Études Religieuses

VOLUMES PARUS :

I. ÉTIENNE GILSON. *Le Thomisme*. Introduction au système de saint Thomas d'Aquin. Troisième édition revue et augmentée. Un volume in-8° de 320 p. . . . . 32 fr.

II. RAOUL CARTON. *L'Expérience physique chez Roger Bacon (contribution à l'étude de la méthode et de la science expérimentales au XIIIᵉ siècle)*. Un volume in-8° de 189 p. . . 12 fr.

III. RAOUL CARTON. *L'expérience mystique de l'illumination intérieure chez Roger Bacon*. Un volume in-8° de 376 p. 20 fr.

IV. Etienne GILSON. *La philosophie de saint Bonaventure*. Un fort volume in-8° de 482 p. . . . . 35 fr.

V. RAOUL CARTON. *La Synthèse doctrinale de Roger Bacon*. Un volume in-8° de 150 p. . . . . 10 fr.

VI. HENRI GOUHIER. *La pensée religieuse de Descartes*. Un volume in-8° de 328 p. (couronné par l'Académie française). 20 fr.

VII. DANIEL BERTRAND-BARRAUD, *Les idées philosophiques de Bernardin Ochin, de Sienne*. Un volume in-8° de 136 p. 10 fr.

VIII. EMILE BRÉHIER. *Les idées philosophiques et religieuses de Philon d'Alexandrie*. Un volume in-8° de 350 p. . . 25 fr.

EXTRAIT DU CATALOGUE :

DESCARTES (*OEuvres de*), publiées par CH. ADAM et PAUL TANNERY, sous les auspices du Ministère de l'Instruction publique.
Cette édition a été publiée sous le patronage d'une Commission internationale en l'honneur du troisième centenaire de Descartes. Le format est le grand in-4° carré d'environ 700 pages par volume.
La collection complète de treize volumes. . . . . 900 fr.

DESCARTES. Discours de la méthode, texte et commentaire publié par ETIENNE GILSON, professeur à la Sorbonne, Directeur d'études à l'Ecole des Hautes Etudes religieuses. Un volume gr. in-8° de 512 pages. . . . . 35 fr.

DESCARTES. Discours de la méthode, texte annoté à l'usage des classes de philosophie par ETIENNE GILSON, professeur à la Sorbonne. Un vol. in-16 cartonné. . . . . 7 fr. 50

CARTERON. *La Notion de Force dans le système d'Aristote*. Un vol. in-8° (couronné par l'Assoc. des études grecques). . 18 fr.

LIONEL DAURIAC. *Contingence et rationalisme*. Un volume in-8° de 365 pages. . . . . 20 fr.

LASBAX (EMILE), professeur de philosophie à la Faculté des Lettres de l'Université de Clermont. *Cahiers de synthèse dialectique*. — I. *La dialectique et le rythme de l'Univers*, I vol. in-8° de 340 pages. . . . . 22 fr.

BIBLIOTHÈQUE D'HISTOIRE DE LA PHILOSOPHIE

BROCHARD (V.). — **Les Sceptiques grecs.**

    1923, in-8° de 432 pages . . . . **40 fr.**

BROCHARD (V.). — **Etudes de philosophie ancienne et de philosophie moderne.**

    1926, in-8° de 559 pages . . . . . . **40 fr.**

BOUTROUX (E.). — **La philosophie de Kant.**

    1926, in-8° de 374 pages . . . . . . **28 fr.**

BOUTROUX (E.). — **De l'Idée de Loi naturelle dans la Science et la Philosophie.**

    1925, in-8° de 144 pages . . . . . . **10 fr.**

BOUTROUX (E.). — **La Nature et l'Esprit.**

    1926, in-8° de 240 pages . . . . . . **20 fr.**

BOUTROUX (E.). — **Etudes d'histoire de la philosophie allemande.**

    In-8° de 260 pages . . . . **20 fr.**

DELBOS (V.). — **Le Spinozisme.**

    In-8° de 215 pages . . . . **16 fr.**

GOUHIER (H.). — **La vocation de Malebranche.**

    In-8° de 172 pages . . . . **15 fr.**

GOUHIER (H.). — **La philosophie de Malebranche et son expérience religieuse.**

    In-8° de 435 pages . . . . **32 fr.**

LASBAX (E.). — **La hiérarchie dans l'Univers chez Spinoza.**

    In-8° de 396 pages . . . . **25 fr.**

RODIER (G.). — **Études de philosophie grecque.**

    In-8° de 376 pages . . . . **30 fr.**

IMPRIMERIE CAENNAISE, 16, rue Froide, Caen. — Tél. 0-30